死亡不存在

死は存在しない

以量子科學論證死後世……世、
前世記憶以及合一意識的真實性

王美娟・譯

死亡不存在

以量子科學論證死後世界、輪迴轉世、前世記憶以及合一意識的眞實性

目次

第四章　筆者人生中的「不可思議經驗」　66

第六章 為什麼我們的意識會連接上「零點場」？ 118

第十一章 死後，「我們的意識」會無止境地擴大 206

序言

致拿起這本書的你

以「死亡不存在」為名的本書，乍看像是一本宗教類書籍。

不過，副書名卻是「最先進的量子科學所提出的新假說」（最先端量子科学が示す新たな仮説）。

為什麼你會拿起這本，特意將看似對立的「宗教字眼」與「科學字眼」擺在封面上的書呢？

感謝你拿起本書的同時，筆者想先請教你一件事。

你是因為存有什麼樣的「問題」，才會拿起這本書的呢？

筆者期盼本書能夠回答你的「問題」。那麼，筆者又是為了有何種「問題」的讀者撰寫這本書的呢？一開始先來說明本書的適讀對象吧。

獻給到了必須正視「死亡」之時的你

第一，是到了必須正視「死亡」之時的人，所存有的以下「問題」。

「走過漫長的人生，自己也上了年紀，差不多到了該認真思考『死亡』的時候。我想知道死後，我們會變成什麼樣子。」

又或者，你的年紀不大，但處於以下狀況的話，亦有可能更加認真地思考同樣的「問題」。

「自己生了重病，遭醫師宣告活不了太久。所以，如果真有『死後的世界』，我想知道那是個什麼樣的地方。」

其實，筆者曾在三十九年前遭醫師這樣宣告，不得不正視「死亡」。當時，筆者也讀了談論「死後世界」的書籍，努力為「死亡」做好心理準備。因此，筆者非常能夠體會，到了必須正視「死亡」之時的人是怎樣的心情。

本書亦是根據筆者的這類經驗撰寫而成，如果你正處於必須認真思考「死亡」的狀況，應該能夠從本書獲得面對「死亡」的「心理準備」與「勇氣」吧。

獻給對「科學」與「宗教」都抱持疑問的你

第二，是在「死亡」這個主題上，對「科學」與「宗教」都抱持疑問的人，所存有的以下「問題」。

「現代科學主張『死亡即是回歸於無』，自己固然相信這種看法，但是又覺得不能完全相信。所以我想知道，科學對於『死亡』有無新的解釋。」

「因為信仰宗教，自己也認為『死後的世界』是存在的，但宗教教義所講述的『死後世界』很抽象，自己沒辦法完全相信。所以我想知道，更具體的『死後世界』概念。」

如果你對現代的「科學」與「宗教」存有上述的「問題」，應該可以透過本書得知，科學有可能針對「死亡」提出的新解釋，以及「死後世界」的具體概念吧。

獻給對最先進量子科學的「假說」有興趣的你

第三，是對前述的「新解釋」與「具體概念」有興趣進一步瞭解的人，所存有的以下「問題」。

「如果最先進的科學暗示『死後的世界』有可能存在，我想知道其科學根據或理論。」

「如果真有『死後的世界』，死後我們的『意識』仍會繼續存在嗎？如果仍然存在，我想知道在那個世界裡，我們的『意識』會變成什麼樣子呢？」

如果你存有上述的「問題」，應該可以透過本書，詳細瞭解最先進的量子科學所提出的「零點場（Zero-point Field）假說」吧。

此外，關於「死後的世界」是怎樣的地方，以及我們的「意識」在那裡會變得如何，你應該也能獲得具體的概念。

獻給想知道人生為何會發生「不可思議經驗」的你

第四，是想知道人生為何會發生「不可思議經驗」的人，所存有的以下「問題」。

「人生在世，有時會發生預感或預知、占卜或共時性等各種『不可思議的經驗』，但這些經驗很難認為是單純的『巧合』或『錯覺』。所以我想知道，這類經驗的發生，是否有什麼科學根據。」

「每當發生什麼『不可思議的經驗』時，宗教往往會立刻扯上『靈異世界』，但『靈異世

界』究竟是什麼呢？我想知道它的真貌。」

如果你存有上述「問題」，應該可以透過本書得知，為何我們會在人生當中遇到各種「不可思議的經驗」、發生各種「不可思議的事件」，以及相關的科學根據。

此外，你應該也能明白，長久以來宗教所說的「靈異世界」究竟是什麼。

獻給在親人「死亡」後抱著殷切期盼的你

第五，是在親人或愛人「死亡」後抱著殷切期盼的人，所存有的以下「問題」。

「最近自己失去了摯愛的親人，悲傷與痛苦、喪失感與孤獨感實在讓人難以忍受。將來我們迎接死亡後，還能夠與那位親人『再會』嗎？」

「自己與那位親人經常發生情感衝突，彼此互相疏遠，最後親人就在這種狀態下去世了。如果真有『死後的世界』，自己能夠在那個世界，與那位親人『和解』嗎？」

「自己的親人以悲慘的方式迎接『死亡』。那位親人非常痛苦地帶著遺憾辭世，如今祂的『靈魂』得到救贖了嗎？」

「總覺得那位親人去世之後，好像仍一直指引著自己。這單純是自己想太多嗎？還是說，祂真的在指引自己呢？」

如果你有著這樣的殷切期盼，非常推薦你閱讀本書。

筆者同樣有過失去親人的痛苦經驗，並度過了一段充滿強烈的喪失感、後悔與悲傷的時期。不過，因為之後一再發生讓筆者不禁認為是親人在指引自己的經驗，筆者才轉而相信本書要談的「死後世界」可能存在。除此之外，筆者的心靈也獲得了「光明」。

獻給想要深入思索「死亡」的你

第六，是想加深自己對「死亡」的思索與思想的人，所存有的以下「問題」。

「古今中外，各種思想與哲學都談論過『死亡』，有沒有一種思想涵蓋了這些看法呢？」

「即使到了現在，『科學』、『宗教』與『哲學』，對於『死亡』仍舊是各自表述，難道就沒有整合這些看法的思想嗎？」

如果你存有上述的「問題」，本書應該能針對你的「問題」給出一個「答案」。

尤其，本書從後半段開始，不時會穿插以下的理論、思想與哲學：

人工智慧與複雜科學、蓋婭思想與自我組織理論等科學理論。

榮格心理學與超個人心理學等深層心理學。

《般若心經》、《法華經》與《華嚴經》、淨土真宗與禪宗、神道與白然崇拜等宗教思想。

基督宗教的《舊約聖經》與德日進的演化論。

黑格爾與史賓諾沙、海德格與沙特等西方哲學。

除此之外，還引用了電影、小說與詩的隱喻（Metaphor），將論述焦點放在「死亡」與「死後的世界」、「死後意識的轉變」上。

本書所使用的這種「涵蓋所有知識的方法」、「綜合所有知識的手法」之觀點，應該也可以幫助你加深對「死亡」的思索與思想。

最先進科學所暗示的「死後世界」的可能性

如同上述，筆者是針對以下的對象來撰寫本書。

到了必須正視「死亡」之時的人。

對「科學」與「宗教」都抱持疑問的人。

對最先進量子科學的「假說」有興趣的人。

想知道人生為何會發生「不可思議經驗」的人。

在親人「死亡」後抱著殷切期盼的人。

想要深入思索「死亡」的人。

因此，本書應該能夠提供你以各種觀點注視及思考「死亡」的機會。至於筆者想透過本書告訴你的「最重要訊息」則如下：

過去的「科學」，始終認為「死後的世界」不存在。

因此，「科學」與相信真有「死後世界」的「宗教」，絕對不會有所交集。

不過最近幾年，最先進的量子科學提出了一項耐人尋味的「假說」。

這項「新假說」，暗示了「死後的世界」有可能存在。

那麼，這項「假說」的內容是什麼呢？有什麼樣的科學理論呢？

如果這項「假說」是正確的，那麼「死後的世界」是個什麼樣的地方呢？

在這個「死後的世界」裡，我們的「意識」會變成什麼樣子呢？

如果這項「假說」是正確的，它能帶給活在這段人生中的我們什麼啟示呢？

如果這項「假說」是正確的，「科學」與「宗教」會融合在一起嗎？

以上就是本書要談的內容，而本書所介紹的**「最先進的量子科學所提出的新假說」**則稱為：

「零點場假說」。

筆者是個在科學家與研究者這條路上走了許多年，而且還擁有核子工程博士學位的人，不過就算從這樣的立場來看，筆者依舊認為這是一項具有十足的合理性、值得進行科學討論的假說。

因此，本書除了說明這項「零點場假說」外，也會根據這項假說，談論死後我們的意識會變成什麼樣子。

坦白說，筆者從事過科學家與研究者這一行，本來是個具備「唯物論思想」的人，所以多年來都認為「死後的世界」不存在。

這樣的人會轉而認為「死後的世界」是存在的，其實是因為自己的人生，獲得了許多極具象徵性或戲劇性的「不可思議經驗」，例如「直覺」、「心有靈犀」、「預感」、「預知」、「共時性」、「聚合（Constellation）」等經驗。而且，聽了好友與熟人的故事後，筆者發現有過這種「不可思議經驗」的人還不少。

關於這些「不可思議的經驗」，之後本書也會介紹幾個筆者個人的例子，不過筆者畢竟是科學家出身，故並未因為自己有過這類經驗，就馬上轉為**「黑箱思維」**，相信「天堂」或「靈界」真的存在。

筆者始終是以**「科學思維與合理思維」**，試圖解開以下的疑問：

為什麼在我們的人生當中，會發生「不可思議的事件」呢？

為什麼這個世上，存在著讓人聯想到「死後世界」的現象呢？

如果真有「死後的世界」，那會是怎樣的地方呢？

而經過多年的探求與思索，最後得到的結論，就是基於最先進的量子科學所提出的這項「零點場假說」。

因此，本書是根據這項假說，並穿插最先進的宇宙學與時間論、生命論與進化論、腦科學與意識科學、電腦科學與人工智慧論，以及古代宗教與古典哲學、東方醫學與替代醫療、深層心理學與冥想技法、文化人類學與地球環境論等思想，明確闡述筆者對於**「死後，我們的意識會變成什麼樣子？」**的想法。

不消說，談論「死後的世界」，當然也會受到各種質疑與批判。不過，筆者由衷歡迎這類質疑與批判。

因為無論在哪個時代，談論「新理論」或「新思想」，總是會受到許多質疑與批判，而這些質疑與批判，能使該理論或思想進一步深化、發展。

所以，希望閱讀本書的諸位科學家、宗教家、心理學家與哲學家，一定要探討這項「零點場假說」，使該理論能夠進一步發展。

因為，筆者的心願只有一個，那就是：

在「科學」與「宗教」之間的深溝上，架起一座「新橋梁」。

直到現在全世界仍有大多數人信仰的各種「宗教」。
如今對我們的意識影響最大的「科學」。
兩者不再對立，而是互相協調、融合的「未來」。
筆者相信，活在二十一世紀的我們應當要開拓這樣的「未來」。

第一章

你相信「死後的世界」嗎？

人類的最大謎題，以及人生的最大疑問

什麼是「死亡」？

這正是人類的「最大謎題」，以及人生的「最大疑問」吧。

換句話說，我們人類，無論是誰，其內心深處都存有以下的「問題」。

「人死了以後會怎麼樣？」

「死亡之後，我們的意識會怎麼樣？」

「真有死後的世界嗎？」

「如果真有死後的世界，那是個什麼樣的地方？」

而且，古今中外的思想家、宗教家與科學家，也都對以上的問題提出各自的想法。

首先是明確表示「死後的世界」確實存在的宗教家——藏傳佛教的法王第十四世達賴喇嘛。相信「輪迴轉世」思想，即人死後會轉世投胎成另一個人的他，曾在某次訪談中，用幽默又不失莊嚴的口吻這麼說道：

「只要想像自己下次會轉世成什麼樣的人，死亡便令我期待。」

反觀儒教始祖——孔子，則是委婉地避答「什麼是死亡」這個問題。他留下了以下這句話，表示自己「不清楚死後的事」。

「未知生，焉知死。」

瑞典海洋學家奧托・佩特森（Otto Petterson），雖然同樣站在「不清楚死後的事」之立場，卻也對「死後的世界」有所預感與期待，並談論這樣的思想。

享壽九十三歲的他曾在去世前，對同為海洋學家的兒子說了以下這句話。

「在我生命的最後時刻，
支撐我的是，
對於接下來會發生什麼事，
所產生的無限好奇心。」

雖說佩特森是一名科學家，不過他應該同樣有點相信「死後的世界」是存在的。

既是神學家又是醫生的阿爾伯特・史懷哲（Albert Schweitzer），雖然優雅地避答這個問題，但仍可從言詞之間看出他的態度。

當別人問史懷哲「對你而言，死亡是什麼」時，他的回答如下：

「**對我而言，死亡就是再也無法聆聽莫札特的作品了。**」

談論「死亡」的三種觀點

如同前述，古今中外的思想家、宗教家與科學家，紛紛留下了各種關於「死亡」的思想或名言。而回顧人類的歷史，關於「死亡」的書籍亦多不勝數。這些書籍可分成以下三大類。

第一類是以「**宗教觀點**」談論「死後的世界」。

其中最有名的一本書，就是《西藏度亡經》，該書詳細描述死者在「死後的世界」裡會有什麼樣的體驗，以及該如何面對那種體驗。同類型的書籍還有《埃及死者之書》等等。

此外，多數宗教皆認為「**死後的世界**」**是存在的**，並以此為前提談論相關思想，例如基督宗教稱死後有「天堂（Heaven）」，佛教稱死後有「極樂淨土」，伊斯蘭教稱死後有「天堂（Jannah）」。

第二類是以**「科學觀點」**談論「死後的世界」並不存在。

這類書籍大多表示，我們的意識只是大腦的活動，如果肉體結束生命活動，屬於肉體一部分的大腦機能也會隨之停止，意識自然也會消失，**一切都回歸於「無」**。

第三類是以**「醫學觀點」**暗示「死後的世界」可能存在。最具代表性的就是談論**「瀕死經驗」**的書籍。

這種書籍是根據醫學臨床觀察，向大眾報告各種「不可思議的經驗」，例如瀕死生還的患者於恢復意識後表示，自己曾在「死後世界」的入口跟類似神的存在對話，或是與已故的親人再會，又或者是「靈魂出竅」，即意識脫離肉體俯視著自己的身體，或意識脫離肉體後到處亂跑，看到了平常看不見的東西等經驗。

不過可惜的是，這三類書籍雖然都很真誠地談論「死亡」，卻也留給讀者「更多的疑問」。

三種觀點都會留下「更多的疑問」

第一類從**「宗教觀點」**出發的書籍，明確主張「死後的世界」是存在的，並且希望多數人相信這項主張。但是，從科學角度來看，這個「死後的世界」卻籠罩著一層「神祕面紗」，因為這類型的書籍並未進一步說明「死後的世界」為什麼會存在，以及如何存在。

第二類從**「科學觀點」**出發的書籍，明確主張「死後的世界」並不存在，並且向多數人宣揚這項主張。但是，對於自人類有史以來，已有無數人經歷過的「不可思議事件」或「神祕現象」，這類型的書籍卻只用單純的「錯覺」或「幻想」，甚至是「腦神經不正常運作」來解釋，並未從科學角度更深入地探究與說明，為什麼會發生這種「不可思議的經驗」。

第三類從**「醫學觀點」**出發的書籍，則承認「瀕死經驗」與「死後的世界」有可能存在，並盡可能保持科學客觀性，向大眾報告這類「不可思議的經驗」是存在的，但同樣沒有從科學角度說明為什麼會發生這種「不可思議的經驗」。

如同上述，古今中外有關「死亡」的書籍，雖然很真誠地以宗教、科學、醫學這三種觀點談論「死亡」或「死後的世界」，但可惜的是，這些書籍都會留給讀者「更多的疑問」。

橫亙在「科學」與「宗教」之間的深溝

當然，人類歷史上無數的「不可思議事件」或「神祕現象」當中，確實也有許多案例是單純的「錯覺」或「幻想」，此外也有不少是刻意而為的「戲法」或「詐欺」。

但儘管如此，當中仍舊有無法視為單純的「錯覺」或「幻想」、「戲法」或「詐欺」，而且**可信度或真實性很高的「不可思議事件」或「神祕現象」，這是不爭的事實**。

因此，本書不僅認為，人類歷史上無數人經歷過的「不可思議事件」或「神祕現象」是真實存在的，還想以**「科學觀點」**探討這些事件與現象為何會發生。

具體來說，就是利用最近幾年，**「最先進的量子科學」**所提出的一項假說，嘗試解開自人類有史以來，始終是未解之謎的**「宗教的神祕面」**。

此外，筆者也會藉由解開前者之謎，嘗試從「科學觀點」來解開人類的最大謎題「**死後的世界**」。

最後，筆者想透過這些嘗試，以理性觀點在「**科學」與「宗教」之間已存在數百年的深溝**上架起橋梁，試著**融合**二十一**世紀的「科學」與「宗教」**。

「死後的世界是否存在」之問題的三種答案

不過，在進入這個主題之前，筆者想先請教你剛才的「問題」。

你相信有「死後的世界」嗎？

這是我們的人生中最重要的問題，亦是每個人都一定會思考的問題。那麼，如果有人問你是否相信「死後的世界」，你會怎麼回答呢？

其實，我們對於這個問題的回答，大致可分成三種立場。

第一種立場是「**死後世界的科學否定論**」，也就是如現代科學所主張的那樣，認為肉體死亡後意識也會消滅，一切都回歸於「無」。

第二種立場是「**死後世界的宗教肯定論**」，也就是像自古以來許多宗教所宣揚的那樣，肉體死亡後意識依然存在，繼續活在「死後的世界」裡。

第三種立場應該稱為「**死後世界的半信半疑論**」，也就是雖然有點想要相信宗教所說的「死後的世界」確實存在，但因為現代科學明確否定「死後的世界」，故無法果斷相信「死後的世界」是存在的。

實際上，大部分的現代人應該都是站在第三種立場吧。

「科學」是現代的「最大宗教」

「掃墓祭祖」或**「到神社、佛寺拜拜」**等行為，即反映了這種情況。

舉例來說，當別人問「你相信有死後的世界嗎」時，有些人雖然回答「我認為人死後會回歸於無」，但每年一樣會去掃墓祭祖，並在墓前向已故的雙親報告近況，像是「因為有你們保佑，全家人都過得很好」等等，而且這樣的例子絕對不少見。

或者，當別人問「你相信有神佛嗎」時，有些人雖然回答「不，我認為那種東西並不存在」，但當家人罹患嚴重的疾病，或是發生嚴重的意外時，還是會去神社或佛寺拜拜，祈求家人的病能夠治好、恢復健康，或是祈求家人平安無事，同樣，這樣的例子也並不少見。

那麼，為什麼會有許多人站在這種**「死後世界的半信半疑論」**，或該稱為**「神佛存在的半信半疑論」**的第三種立場呢？

其原因簡單來說，就是大多數人的深層意識某處，有著「想要相信真有死後的世界」、「想要相信真有神佛」這類想法，但現代科學明確否定這些事物的存在，因此表面意識才會認為「死後的世界不存在」、「神佛不存在」吧。

此外，**「科學」是現代的「最大宗教」**這種奇妙的狀況，也是形成這種矛盾的背景因素之一。

在過去的歷史上，為了守護人們的生命與健康、使生活更加便利舒適，「科學」確實達成了相當多的目標。無論是誰都會肯定「科學」締造的美好成果與成就吧。

但是，這也使得「科學」在現代，成了對我們的意識有最大影響力的東西，也就是成了「最大的宗教」。

而且，只要「科學」仍否定「神祕現象」與「死後世界」的存在，就絕對不會與肯定這兩者的「宗教」有所交集。

那麼，為什麼現代的「科學」會否定「神祕現象」與「死後世界」的存在呢？

這些事物真的能以「科學」去否定嗎？

我們再稍微深入思考一下這個問題吧。

第二章

現代科學正面臨「三個極限」

一旦進行「分析」，就會看不見「本質」

剛才，筆者使用了「現代科學」這個字眼。

這是因為，在人類的文明中、在數千年的歷史中，近代科學的歷史不過才短短幾百年，而現在我們稱為「科學」的學問，確實締造了很棒的成果與成就，不過它仍有各式各樣的「極限」。

其中一個重大的極限，就是**現代科學尚無法明確說明「意識」的本質**。

至於原因，則是因為現代科學乃**「唯物論科學」**。

也就是說，現代科學是站在「唯物論」的立場，認為這個世界的本質是「物質」，而「生命」、「生物」、「意識」、「心靈」與「精神」，全是「物質」發生複雜的物理或化學相互作用後誕生出來的東西。

換句話說，現代科學是站在以「物質」的性質來解釋一切的**「物質還原主義」**立場。

而這種「唯物論科學」認為，「意識」全是由「物質」所產生；我們的「意識」、「心靈」與「精神」，也是人體中「大腦」這一部位的「神經細胞」發生化學或電相互作用後的產物。

因此，這種「唯物論科學」是站在這樣的明確立場：「肉體」若是消失「意識」也會消滅，死後「意識」不會保留下來，所以根本就沒有「死後的世界」。

而且，我們大多數人都接受現代科學的這種看法，彷彿那是「絕對的教義」。

其原因就如剛才所述，因為在現代，「科學」成了「影響力最大的宗教」。

但是，現代的科學，也就是所謂的**「唯物論科學」**或**「物質還原主義科學」**，早在幾十年前就面臨極限了。

那就是接下來要談的**「三個極限」**。

三位諾貝爾獎得主提出的根本性批判

現代科學面臨的**「第一個極限」**，就是「要素還原主義」之極限。

所謂的「要素還原主義」，是一種**「若要瞭解某對象的性質，只要先將該對象『分解』成小要素，接著詳細『分析』各個要素，最後『綜合』得到的分析結果，就能完全查明該對象的性質」**之思想。

其實，從著有《談談方法（Discours de la méthode）》的十七世紀法國哲學家勒內・笛卡兒（René Descartes）開始，長久以來科學都是基於這種「要素還原主義」。

不過，近幾年這個極限變得越來越顯著，**「複雜科學（Complexity Science）」**這一超越「要素還原主義」的科學手法因而受到矚目。

「複雜科學」是對現代科學所依據的「要素還原主義」進行根本性批判，若要說得更淺顯易懂一點，這門科學就是站在**「當事物變得複雜時，便會獲得新的性質，故就算以要素還原主義的觀點去分解、分析複雜的對象，再綜合得到的結果，依然無法正確瞭解該對象的性質」**之立場。

舉個例子來說，即使為了瞭解秋季天空中的卷積雲性質而取來那朵雲，那也不過是一團凝結的水蒸氣，卷積雲的性質則消失而無法得知。即使為了瞭解水蒸氣的性質而取出水分子，水蒸氣的性質也會消失而無法得知。即使為了瞭解水分子的性質，而將之分解成一個氧原子與兩個氫原子，我們依然無法得知水分子的性質。

同樣的，即使為了瞭解「意識」、「心靈」或「精神」的本質，而解剖大腦仔細調查神經細胞的運作，光靠這種方式是絕對無法得知「意識」、「心靈」或「精神」的本質。

以上是「複雜科學」的簡要說明，拙著《複雜系統的知識》與《首先，改變你的世界觀吧！》則有詳細介紹。

此外，這個「複雜科學」，絕對不是可疑的「偽科學」。

這是位於美國新墨西哥州聖菲市的**「聖菲研究所（Santa Fe Institute）」**，自一九八〇年代起就在進行研究的正經科學。

該研究所是在一九八四年時，由三位諾貝爾獎的得主——物理學獎得主默里·蓋爾曼（Murray Gell-Mann）與菲利普·安德森（Philip Anderson）、經濟學獎得主肯尼斯·阿羅（Kenneth Arrow）及多位科學家共同創立，現在也集結了世界各地優秀的年輕研究者，持續進行跨學科研究。

然而，現代科學並未正視聖菲研究所提出的「要素還原主義的極限」這個問題，依舊以唯物論科學或物質還原主義科學為主流，並試圖以這種觀點來解開「意識」的問題，而這亦是現代科學至今仍無法查明「意識」本質的原因。

在微觀世界裡，「物質」會消失

現代科學面臨的**「第二個極限」**，就是**「物質消滅」**之極限。

雖然唯物論科學認為，世上的一切可用「物質」的性質來解釋，但深入研究現代最先進科學——尤其是量子科學——的世界卻發現，**「物質」本身根本就不是穩固的東西，而是非常不穩定的存在**。

實際上，若以一般認知來看我們眼前的世界，「物質」是指看得到、摸得到的東西，即明確地「存在」於眼前、具有「質量」與「重量」，也能明確知道「位置（存在於哪裡）」的東西。不過，**若以極微尺度**、**比原子還小的「基本粒子」尺度觀察這個世界，這種一般認知的「物質」就「消失」了**。

基本粒子之一的「光子」所顯示的「波粒二象性」，就是具象徵性的例子。

這是量子科學的教科書也常會介紹的性質。若用不同的方法觀察光的實體「光子」，便會顯示出不同的性質，有時是「粒子性」，有時則是「波動性」。也就是說，即使把光子視為「極微物質」、「極微粒子」，實際上它卻會顯示出「波動性」，我們甚至無法測定這個「物質」的「位置」。

這是在量子科學的初創時期，令阿爾伯特・愛因斯坦（Albert Einstein）與維爾納・海森堡（Werner Heisenberg）等眾多科學家煩惱的「波粒二象性」問題，現在仍被視為量子科學基礎中的「悖論」。

另外，愛因斯坦提出的**「相對論（Theory of Relativity）」**，常以「$E = mc^2$」這道方程式來表示，而此方程式的意思是，具有質量（m）的「物質」可轉換成「能量（mc^2）」。也就是說，我們稱為「物質」的東西，其實全是一團「能量」；存在於眼前的「物質」，無論看起來有多堅實，終究只是「一團能量」。

原子彈便是一個具象徵性的例子。這是一種大規模毀滅性武器，利用的原理是：鈾與鈽等可分裂物質發生核連鎖反應後，會瞬間轉換成龐大的能量。

同樣的，我們能夠使用核能發電，也是因為「物質」的本質為「能量」，利用鈾與鈽這些「物質」進行核分裂就能瞬間轉換成「能量」。

除此之外，你或許會很訝異，在我們的一般認知中，「真空」就是空無一物，但在量子科學上，**「真空」其實並不等於「無」**。

其實這種「真空」稱為**「量子真空（Quantum Vacuum）」**，是蘊含龐大能量的場。

而且，基本粒子會從這個場內誕生，然後又消失在這個場內。

也就是說，這裡亦存在著不可思議的程序：某種被視為「物質」的東西，誕生自真空（無），又回歸於真空（無）。

如同上述，現代科學——「唯物論科學」或「物質還原主義科學」——所依據的**「物質」，其實是非常模糊不明的存在**，反觀現代的最先進科學則明確指出，這個世界的本質並非「物質」，而是「波動」、「能量」。

這正是現代科學面臨的「物質消滅」之極限。

現代科學有許多「無法說明的不可思議問題」

現代科學面臨的**「第三個極限」**，就是**「無法說明」**之極限。

也就是說，現代科學有許多**「無法說明為什麼會發生這種情況」**的問題。

這裡就舉**「五個問題」**為例來介紹吧。

第一個問題是，**「自然常數的神奇和諧性」**。

這個問題是指，在我們目前居住的這個宇宙中，表述宇宙基本性質的「自然常數（物理常數）」是一個**「神奇的數字組合」**。

具體來說，重力與電磁力的強度、質子與中子的質量大小等數字只要差了〇．一%，這個宇宙就無法以適合生命誕生的狀態「存在」。而且，現代科學完全無法說明，為什麼這個宇宙的自然常數會是這種「神奇的數字組合」。

第二個問題是，**「量子糾纏與非局域性」**。

這是一種不可思議的性質，兩個糾纏（Entanglement）的量子即使分隔兩地，當其中一方呈某種狀態時，另一方也會瞬間呈相反的狀態。此資訊傳遞的速度比光速還快，違反了愛因斯坦的相對論，但現代科學仍無法說明這種稱為**「非局域性（Non-Locality）」**的量子性質。

第三個問題是，**「達爾文主義的極限」**。

達爾文認為生物的演化全起源於突變與自然淘汰，而根據他的理論，要誕生像人類這種複雜的高等生命，需要花上遠超過地球的年齡——四十六億年的歲月，但事實上，**人類誕生在這顆地球上只花了數十億年的時間**，而現代科學無法說明這個謎團。

第四個問題是，**「生物的歸巢能力之謎」**。

例如在河川裡孵化的鮭魚幼魚，到了春天就會游到海裡，在遙遠的大海中度過幾年時光，最後再回到出生的故鄉之河裡產卵。另外，眾所周知，鴿子的歸巢能力與候鳥的方向辨識能力都很強，螞蟻也能從相當遠的地方正確地回到巢穴。此外還有狗兒走了五千公里回到飼主身邊的案例，但是現代科學尚未解開這種生物的歸巢能力之謎。

第五個問題是，**「神經傳導速度與反射運動之謎」**。

例如打棒球時，投手投出時速一百六十公里的球，若以神經傳遞資訊的速度來看，理論上打者根本來不及完成「視神經看到球、將資訊傳遞給腦神經、使用肌肉」這段過程。可是實際上，打者卻能將這顆球打出去，而現代科學無法說明這個反射運動之謎。

現代科學有許多「無法說明為什麼會發生這種情況」的問題，以上只是其中一小部分的例子。

至今仍無法解開「意識之謎」的現代科學

看完前面的說明，相信你應該能夠明白，現代科學絕非「萬能」，亦非「無謬」，而是有許多無法解開的「謎題」、有「極限」的東西。

既然如此，我們有必要暫時停止無條件相信現代科學的主張，捐棄「既然現代科學否定，神祕現象與死後的世界就不存在」這種成見，先虛心地注視我們所生活的這個世界吧。

尤其，現代科學面臨的最大問題之一，就是無法解開**「意識之謎」**。

「意識之謎」中最根源性的問題，即是現代科學無法說明，「物質」是如何產生「意識」的。

現代腦科學認為「意識是經由腦神經的作用所產生」，但許多科學家與哲學家對這個解釋抱持疑問。

現在最受矚目的假說，反而是**「『物質』本身，原本就具有極原初層次的『意識』」**。

自勒內．笛卡兒以後，長久以來大家都理所當然地認為「物質」與「意識」是對立的，但這項假說反倒認為「物質」的根本構成要素——量子與基本粒子本身，具備了極原初層次的「意識」。

筆者認為，這是極具說服力的假說，而且這項假說還是解開「意識之謎」的關鍵。為什麼這麼說呢？筆者會在本書的後半段說明理由。

現在請你先明白這項事實：現代科學無法說明「物質」如何產生「意識」。

我們都經歷過的「意識的不可思議現象」

如同前述，現代科學無法在基本維度下解開「意識之謎」，因此現代科學無法說明，我們每個人平常都會經歷到的以下這些**「意識的不可思議現象」**。

「感應視線」
「心有靈犀」
「預感」
「預知」
「占卜應驗」
「既視感」
「共時性」

在之前的人生當中，你應該也不只一次經歷過上述這些現象吧？

首先，**「感應視線」**是指，平常某個瞬間，自己突然感覺到視線，往那個方向一看，確實有人看著自己的經驗。

「心有靈犀」是指，人與人之間，在完全沒有交談，也沒有任何溝通方法的狀況下，得知對方的想法，或是想著同一件事的經驗。

例如結婚多年、如膠似漆的夫妻之間，常常用不著交談，就能知道此刻對方有什麼感覺、心裡在想什麼，或是同時說出同一句話。大多數的夫妻應該都有過這種經驗吧。

再舉個有點特殊的例子，心理學研究上有報告指出，雙胞胎之間也經常會發生這種「心有靈犀」的情況。

「預感」則如同字面上的意思，是指事前感受到某件好事或壞事將會發生的經驗。例如，在自己覺得「有種不好的預感」或「忐忑不安」之後，真的發生了某件麻煩事，這種經驗其實大家都應該有過。另外，賭徒的「預感」能力很發達，因此也很常有這種經驗吧。

至於比「預感」更加明確且具體地感應到未來事件的經驗，則稱為「預知」。有過「預知」經驗的人，應該比有過「預感」經驗的人少，不過筆者經常見到有這種經驗的人。而且，筆者本身也有過極具象徵性的「預知」經驗。這件事就留到第四章再詳細介紹。

「占卜應驗」是指，請命理師或占卜師「算命」，或者自行「占卜」所得的未來預測神奇地應驗的經驗。這種「占卜應驗」的情況，筆者也有過具象徵性的經驗。

「感應視線」與「心有靈犀」，是發生於現在的經驗，「預感」、「預知」與「占卜應驗」，是關於未來的經驗，至於**「既視感」**則是將過去的記憶與現在的事件連結起來的經驗。「既視感」的法語稱為**「Déjà Vu（曾經看過）」**，這種經驗是指，當自己看到平凡無奇的日常光景時，突然覺得**「哦，以前曾看過跟這個一模一樣的景象」**。據說這種「既視感」現象常發生在青少年時期，相信你應該也有過一、兩次經驗。

最後的**「共時性（Synchronicity）」**現象是指，當我們聊天提到某個人時，那個人正好打電話過來，或是當自己為某個問題而煩惱時，咖啡廳裡坐在隔壁桌的顧客正巧在談論那個主題等情況。

「無法說明的東西就不存在」的頑固立場

如同前述，「感應視線」、「心有靈犀」、「預感」、「預知」、「占卜應驗」、「既視感」與「共時性」等現象，我們每個人平時都會在日常生活中體驗到，古今中外也有無數人經歷過、報告過，但現代科學卻無法說明這種**「意識的不可思議現象」**。

而且，現代科學採取**「無法說明的東西就不存在」**的立場，因此關於這些「意識的不可思議現象」，現代科學全都試圖用**「單純的巧合」**、**「只是錯覺」**、**「某種主觀認定」**、**「一種幻想」**、**「腦神經不正常運作」**等理由來解釋。

古今中外無數人經歷過、報告過的「意識的不可思議現象」，確實有不少情況應該稱為「單純的巧合」、「只是錯覺」、「某種主觀認定」、「一種幻想」吧。此外，當中應該也有算是「戲法」或「詐欺」之類的情況。

但是，就算撇開這類情況不談，當中確實也有明確且清晰到，無法用「巧合」、「錯覺」、「主觀認定」、「幻想」等理由解釋的「意識的不可思議現象」。

日本有句諺語：**「就算會爬也還是黑豆。」**（譯註：意即「死鴨子嘴硬」。）

從前有兩個男人，看著榻榻米上的黑色物體爭論。

其中一人說：「那是黑豆。」另一人則說：「不，那是蟲。」

吵著吵著，那個黑色物體就在榻榻米上爬了起來。

看到這一幕後，其中一人說：「你看，它在爬。那果然是蟲吧。」另一人則頑固地堅持：

「就算會爬也還是黑豆。」

看到現代科學對「意識的不可思議現象」所表現的態度，筆者不禁覺得，簡直就像是那位堅持「就算會爬也還是黑豆」的男人。

無論有多少人經歷過、報告過「意識的不可思議現象」，仍舊認為「無法用現在的科學說明的東西就不存在」——現代科學可說是採取這樣的頑固立場。

可是，如果「科學」本來的目的是**「探究世界的真實樣貌」**，那麼反而應該以謙虛的態度，真誠地注視這些無數人報告過的「意識的不可思議現象」，探索其發生的原因，並建立假設進行驗證才對吧？

這也是在科學家與研究者這條路上走了許多年的筆者的想法。

而且，就是因為有這種想法，筆者才會打算在本書中建立科學假設，試著說明人類歷史上無數人報告過的「意識的不可思議現象」發生的原因。

現代的伽利略喃喃地說：「即使如此，不可思議的現象還是在發生啊。」

回顧人類的歷史，從前曾有過「宗教」地位高於「科學」的時代。

而那個時代曾有過一段，「宗教」以堪稱鎮壓的方式，箝制「科學」的主張與言論的歷史。

其中一個具象徵性的例子，就是**「伽利略審判」**。

身為一名科學家的伽利略．伽利萊（Galileo Galilei），因提出「地動說」而遭受宗教審判，教會強迫他撤回「地動說」並承認「天動說」。雖然伽利略最後不得已接受了這項要求，據說他在審判結束後曾喃喃地這麼說：

「即使如此，地球還是在轉動啊。」

諷刺的是，看到現代科學的態度，筆者不禁認為那就像是顛倒過來的「伽利略審判」。

現代是一個「科學」地位高於「宗教」的時代。

即使在這樣的時代，依然有無數人宣稱自己經歷過「意識的不可思議現象」。

就算秉持「無法說明的東西就不存在」之立場的現代科學，將這些現象全視為「單純的巧合」、「只是錯覺」、「某種主觀認定」、「一種幻想」或「腦神經不正常運作」，經歷過這些現象的無數人應該都會喃喃地這麼說：

「即使如此，不可思議的現象還是在發生啊。」

既然如此，現代科學應該放下「無法用科學說明的東西就不存在」的立場，改以謙虛、真誠的態度，朝著解開「意識的不可思議現象」這一目標邁開新的腳步才對吧。

此外，對於自人類有史以來，無數人所抱持的疑問——**「為什麼會發生不可思議的事件」**、**「為什麼會發生神祕現象」**、**「真有死後的世界嗎」**這些問題，二十一世紀的科學必須秉持**「科學立場」**，給出「解答」才對。

那麼，為什麼筆者要透過本書提出這樣的意見呢？

以及，為什麼要透過本書，嘗試提出這個「解答」的方向呢？

接下來的第三章，就來談談筆者的理由吧。

第三章 每個人平常都會經歷的「不可思議事件」

筆者抱持多年的「唯物論世界觀」

第二章談到，二十一世紀的科學應該以「科學立場」，針對自人類有史以來，無數人所抱持的疑問——「為什麼會發生不可思議的事件」、「為什麼會發生神祕現象」、「真有死後的世界嗎」這些問題提出「解答」。

那麼，為什麼筆者要透過本書提出這樣的意見呢？以及，為什麼要透過本書，嘗試提出這個「解答」的方向呢？

要說明理由，必須先談一談筆者走過的「科學家」與「研究者」這條路。

筆者在一九七〇年進入東京大學，就讀學習科學技術的工學院，之後修完核子工程這門先進科學的專業課程取得博士學位。後來在美國的國立研究機構從事研究，也曾在核子相關的國際學會擔任委員。因此，筆者是受過「科學家」的訓練、走過「研究者」這條路的人，基本上是一個曾站在現代科學，即「唯物論科學」與「物質還原主義科學」之立場的人。

因為有這樣的經歷，筆者非常自然地具備了**「唯物論思想與世界觀」**，所以對於「死後的世界」，筆者也是抱持著「這種東西不存在」的信念。

換句話說，筆者因為具備了唯物論思想，過去都抱持著「死亡就是回歸於無」的信念。

而且，在年過三十之前，筆者非但不覺得「回歸於無」很恐怖，甚至還認為「回歸於無是一種安寧」。

筆者獲得的各種「意識的不可思議經驗」

但是，走過這樣的人生、具備唯物論思想與世界觀的筆者，以及抱持「死亡就是回歸於無」之信念的筆者，獲得了大為動搖這種思想與信念的經驗。

那就是現代科學無法說明的「直覺」、「心有靈犀」、「預感」、「預知」等「意識的不可思議經驗」。

筆者打算在接下來的第四章介紹這些經驗。總之就是因為獲得了許多這樣的經驗，如今筆者相信，被現代科學視為「單純的巧合」、「只是錯覺」、「某種主觀認定」、「一種幻想」或「腦神經不正常運作」的**「意識的不可思議現象」**，毫無疑問是存在的。

不過，筆者絕對不是立刻就轉向神祕主義思想或超自然思想，相信有「超能力」與「靈異世界」，而是站在一位科學家的立場，**相信有「科學根據」能夠說明這些不可思議的現象**。

而經過多年探索，最後找到的這個「科學根據」，就是現代最先進的量子科學所提出的「一項假說」，筆者確信這項假說能夠解開許多謎團。

筆者會撰寫本書，就是想讓許多人知道這項「假說」。

每個人平常都會經歷的「不可思議事件」

剛才提到，筆者在過往的人生中，體驗過許多現代科學無法說明的「直覺」、「心有靈犀」、「預感」、「預知」等「意識的不可思議現象」，但並不是因為筆者有什麼特殊的「超能力」，或是神祕的「靈異能力」。

如同前述，其實**世上的每個人，平常都會經歷**「感應視線」、「心有靈犀」、「預感」、「預知」、「占卜應驗」、「既視感」、「共時性」等**「意識的不可思議現象」**。

這裡就介紹其中一個例子。筆者的著作《運氣是可以鍛鍊的》即是談論這種「意識的不可思議現象」，而在該書的出版紀念演講會上，筆者一開始先問聽眾「是否曾感覺到他人的視線」，結果幾乎所有的人都舉手。之後又詢問聽眾「是否有過共時性的經驗」，結果舉手的人同樣占了大部分。

由此可見，「感應視線」、「心有靈犀」、「預感」、「預知」、「占卜應驗」、「既視感」、「共時性」等「意識的不可思議現象」，是每個人平常都會有的經驗。

但是，另一方面，這些人害怕遭到社會誤解，故鮮少公開談論這類「意識的不可思議現象」。

之前筆者也是害怕遭到誤解，所以都避免公開談論這些經驗。

為什麼有無數人相信「神」或「佛」呢？

這裡再重新請教一下，在之前的人生當中，你是否有過以下的「不可思議經驗」呢？

「直覺」的經驗

面對人生的重要決斷時，腦中沒來由地閃現不可思議的直覺，做出正確的決定。

「心有靈犀」的經驗

在人際關係上，就算彼此不交談，或是相距遙遠，仍能明白對方的心情。

「預感」的經驗

突然有某種感覺而變更原定的行動，結果避開了意外或災難。

「預知」的經驗

未來的情景突然浮上心頭，之後變成現實。

「占卜應驗」的經驗

想知道人生的未來方向或重要的選擇而請人算命，結果真的應驗。

「共時性」的經驗

想到什麼或想要什麼時，恰巧就在那個當兒，得到與那樣事物有關的資訊、知識，或是發生事件或邂逅。

「聚合」的經驗

身邊發生的各種事件，整體來看像是在傳達什麼訊息，而根據這個訊息行動就得到了好結果。

除了上述七種經驗，人生中還有各種可算是「不可思議經驗」的情況，回顧過往的人生，相信你應該也有過幾次這種「不可思議的經驗」。因此，即使未公開談論這種事，你的內心應該也覺得，這個世界有著會引發這類「意識的不可思議現象」的「某種事物」吧？

此外，你也許還覺得那個「事物」，就是古今中外許多人都相信的「神」、「佛」或「天」，也就是所謂的**「偉大的存在」**。

實際上，在人類數千年的歷史當中，無論東方還是西方，都有無數人覺得無法否定被稱為

「神」、「佛」或「天」的「偉大存在」，相信真有這樣的事物，但這並不是因為他們有過什麼戲劇性的「神祕經驗」或「奇蹟經驗」，而是因為許多人在人生當中，都獲得了各種形式的「不可思議經驗」。

將科學的光照在「意識的不可思議現象」上

如同前述，筆者也有過許多這類「不可思議的經驗」。不，應該說是獲得許多這類「不可思議的經驗」才對。

不過，前面也說過，筆者是個在大學工學院做了多年的研究者、受過科學家的訓練、具備唯物論世界觀的人。

因此，之前對於「神」、「佛」、「天」這類「偉大的存在」，以及「受到偉大的存在指引」、「受到偉大的存在保護」等現象，筆者都覺得那是不科學的、神祕主義的可疑事物，並且抱持疑問。

但是，另一方面，筆者在過去七十多年的人生當中，也獲得了許多前述的「直覺」、「心有靈犀」、「預感」、「預知」、「占卜應驗」、「共時性」、「聚合」等「不可思議的經驗」。而且，這些經驗多以象徵性或戲劇性的形式發生，無法用「單純的巧合」、「只是錯覺」、「某種主觀認定」或「一種幻想」等理由來說明。

因此，筆者想在稍後的第四章介紹這些經驗。

接下來，請你先聽一聽筆者的親身經歷。

相信你多半也有過同樣的經驗吧？

希望你一面閱讀筆者的故事，一面回顧自己過去的經驗。

第四章 筆者人生中的「不可思議經驗」

在極限狀況下得知考題的「不可思議的直覺」經驗

上一章提到，筆者的人生當中，獲得了許多「直覺」、「心有靈犀」、「預感」、「預知」、「占卜應驗」、「共時性」、「聚合」等「不可思議的經驗」，而且這些經驗多以象徵性或戲劇性的形式發生。

此外，這些經驗還大大「動搖」了原本抱持「唯物論思想與世界觀」的筆者所存有的思想與信念，年過三十便開始覺得無法否定「意識的不可思議現象」。不過，現在回頭一看卻發現，其實筆者早在青少年時期就有過這種「不可思議的經驗」。

因此，以下就先介紹當中令筆者覺得宛如奇蹟的「不可思議的直覺」經驗。

這是筆者參加大學入學考時的事。

事情發生在順利通過第一志願大學的第一次測驗，終於要迎接第二次測驗的早上。

筆者因為腹部劇痛而痛醒。當時真的痛到打滾，於是筆者一大早就跑去附近的私人診所看診，醫生表示「如果是腸扭轉就有生命危險」，因此建議我馬上住院。

筆者聽著醫生的說明，絕望地暗想：「天啊，難道我連考都沒考就得當重考生了嗎……」因為，應屆畢業那一年，筆者原本就打算只報考第一志願的學校，如果這次落榜了，就當重考生繼續挑戰那所大學。

不過，正因為自己面臨這種窮途末路的狀況，再加上家人的鼓勵，筆者心想好歹還是去考一下，便向醫生要了大量的止痛藥，忍著劇痛前往考場。

當時的心境，筆者至今記憶猶新，那時自己真心相信「總之就在答案卷上寫點什麼吧。只要有寫，就會發生奇蹟」。

那所大學本來就很難考，即便以最佳狀態去應考也不見得能考上，但當時的筆者除了相信這種「奇蹟」之外，別無他法。

於是，筆者就不斷吃著止痛藥，勉強動筆寫下各科考題的答案。可是，到了午休時間，卻發生了不可思議的事。

由於筆者沒辦法吃午餐，休息時間只能坐在椅子上，忍著腹痛讓身體休息。不過，當筆者發現下午要考的科目是「世界史」時，內心深處卻浮現出一個念頭。

「對了，不如趁休息時間，翻一下世界史的參考書吧，就算只看一個單元也好。自己就努力到最後一刻吧……」

於是，筆者拿起帶來的世界史參考書。那本參考書將世界史分成各種主題，整理成大約兩百個單元，剩下的時間只夠看完一個單元。因此，筆者決定背下翻到的那一頁，然後很隨意地將參考書打開。

結果，翻到的那一頁是「中國貨幣的變遷史」這個單元。

於是，筆者就讀這個單元，將內容記在頭腦裡，接著回到考場。

考卷終於發下來，聽到開始作答的指示後，筆者打開考卷。結果發現，出現在那張考卷上的，居然是「請敘述中國貨幣的變遷史」這道問答題。

能以那麼糟糕的身體狀況勉強考上大學，筆者認為世界史這一科功不可沒。話說回來，這真的是很不可思議的巧合。

從兩百多個單元中，隨便選了一個單元。

這個單元就剛好是考卷上的題目。

這是單純的巧合嗎？

還是說，筆者的無意識連結了某樣事物，接收到這道考題呢？

這個經驗可稱為「不可思議的直覺」，另外在筆者的人生當中，也有過堪稱「不可思議的心有靈犀」的經驗。

接著就來介紹筆者的這種經驗吧。

在神奇的時間點被引導到出租別墅的「心有靈犀」經驗

這是一九九七年發生的事。

當時，筆者週末經常開車到富士地區兜風，所以考慮成為該地區某會員制出租別墅的會員。

由於能以較便宜的會費，租到可在週末入住的別墅，仔細考量之後，筆者決定加入會員，並先與該公司簽訂草約。

但是，辦完手續、離開出租別墅的公司、開車行駛在森林裡時，筆者的心裡突然冒出一個疑問。

那個疑問就是：「跟這家公司簽約到底好不好？」

就在筆者懷著這個疑問開車之際，道路前方出現一家咖啡廳。

這個瞬間，筆者好像聽到了什麼聲音。

緊接著，內心深處便浮現一個念頭。

「對了。不如走進這家咖啡廳，向店長打聽那間出租別墅的評價吧。假如店長對那間出租別墅的評價是負面的，自己還是重新檢視一下契約好了。假如沒有負評，那就正式簽約。」

於是，筆者順從這個念頭，走進店內，點了一杯咖啡，然後找了個適當的時機開口詢問店長。

「老闆，那間出租別墅的評價怎麼樣？」

結果，那位店長立刻這麼回答。

「先生，先別管那間出租別墅了，你要不要租我的別墅呢？老實說，我打算出租自己的老別墅，今天早上才剛在店門口貼上相片呢。」

真是不可思議的巧合。

筆者在那一天，考慮成為出租別墅的會員，並簽訂了草約。店長在那天早上，決定出租自己的別墅，並在店門口貼上相片。然後，筆者在內心深處的聲音引導下，走進了那家咖啡廳。

多虧這個不可思議的巧合，以及店長的好意，最後筆者得以用超級便宜的價格租借他的別墅。

之所以會發生這種情況，難道是筆者的無意識與店長的無意識之間，發生了「心有靈犀」的現象嗎？

而且，這個故事還有另一個不可思議的巧合，讓筆者得以「避開危機」。

後來筆者才知道，經營管理那間會員制出租別墅的公司，之後因為契約上的問題而發生了許多糾紛。

當時在森林裡，筆者內心深處浮現的那個念頭，或許就是「預感」或「預知」到了這個危機。

而說到「預感」或「預知」，筆者也有過「預知」到「未來」將發生的事這種戲劇性的經驗。

不經意拍下，兩年後在美國居住之處的「預知」經驗

那是一九八五年發生的事。

筆者因工作關係，拜訪位於美國華盛頓州R市的某國立研究機構。星期五結束工作後，便在飯店裡度過週末，這時任職於該研究機構的美國朋友邀請筆者一起去兜風。

由於朋友有東西要交給熟人，兜風途中便繞去市內的某住宅區。在他送東西給熟人的期間，筆者則拿出相機，下車隨意拍了幾張這個住宅區的風景照。

不過，回到日本後，那些相片就跟其他的國外出差照一起被隨便扔進相片收納盒裡，徹底從筆者的記憶中消失。

兩年後的一九八七年，筆者應美國政府的邀約，成為該研究機構的客座研究員，到任後便在R市找了一間房子，作為這段期間的住處。

一年半後，筆者結束在那家研究機構的工作，收拾行李準備回國時，湊巧看到了那個相片收納盒。筆者拿出之前到國外出差時拍的相片，帶著懷念的心情瀏覽，但在看到某張相片的那一瞬間，筆者相當驚訝，忍不住直盯著那張相片。

那是三年半前跟朋友一起兜風時，筆者隨意拍下的數張相片中的某一張。

那張相片拍的是某棟住宅的正面，令人驚訝的是，那棟住宅正是筆者當時住的房子。

這也是「單純的巧合」嗎？

筆者在兜風途中，隨意拍下一棟住宅的相片。而且是不經意地拍下，該市眾多住宅的其中一棟。

兩年後，筆者到美國赴任時，恰巧從該市眾多住宅當中找了一棟住了進去。

但不可思議的是，這兩棟房子居然是同一棟。

這也是「單純的巧合」嗎？

還是說，筆者的無意識「預知」到自己將會在美國工作，以及到時候所住的房子呢？

如果真是這樣，這個「未來」是早就注定的嗎？

除了這個例子外，筆者還有其他「預知未來」的不可思議經驗。

這也是極具象徵性的經驗，接下來就介紹這個例子吧。

事先知曉半年後會轉職與工作地點的「預知」經驗

那是一九八九年夏天發生的事。

當天筆者因工作關係，搭乘計程車在東京都內移動。

就在計程車從赤坂見附開往弁慶橋的途中，筆者突然看到正前方有一棟興建中的高樓大廈。

不知怎的，那棟大樓引起了筆者的注意，當下忍不住從後座傾身詢問計程車司機：「司機先生，請問那棟大樓叫什麼名字？」

司機便回答：「哦，那是紀尾井町大樓啦。」

筆者也不曉得，自己為什麼會問這種問題。

當時筆者已出社會九年，搭計程車的次數少說也有幾百次，但無論之前還是之後，筆者都不曾詢問司機，自己看到的大樓叫什麼名字。因此，筆者才會納悶，為什麼那棟大樓會引起自己的注意。

那一年的十二月，有人邀請筆者參與創立某智庫，仔細考慮之後，筆者決定辭掉工作離開當時的公司，轉職到那間智庫。

轉職的事確定之後，筆者突然很好奇一件事，便詢問正在籌備那間智庫的人事部經理。

「對了，這間智庫的總部要設在哪裡？」

聽到經理的回答時，筆者難掩內心的驚訝。

因為，那位經理是這麼回答的：

「哦，總部會設在紀尾井町大樓喔。」

這同樣是「單純的巧合」嗎？

還是說，筆者的無意識「預知」到，自己不久就會轉職，以及該智庫總部設在紀尾井町大樓呢？

除了「預知」之外，世上還存在著同樣能感應到未來的「預感」經驗。

筆者也有過關於「預感」的不可思議經驗。

接下來就介紹兩例筆者的親身經歷吧。

不自覺避開高速公路嚴重車禍的「預感」經驗

第一個故事發生在一九八五年。

當時，筆者每週末都會開自用車到位於湘南的熟人家，與那位熟人暢談，然後再回到位於東京的自家。

由於筆者想在十二點前回到家裡，故一直以來自己都保持這樣的習慣：到了晚上十點，一定會離開熟人家，開車回東京。可是，某天晚上不知道是怎麼回事，彼此分明沒談什麼重要的話題，筆者卻一直聊下去，越來越不想離開熟人家。

雖然腦海一隅想著「已經超過十點，該回去了」，但不知為何，那天晚上就是怎麼也不想回家。

結果，筆者又多待了一個多小時，過了十一點後，筆者才終於想打道回府，於是便離開熟人家，驅車前往東京。

然而，就在筆者跟往常一樣開上東名高速公路後，卻目擊了可怕的景象。

那條道路化為一片血海。

因為不久之前，現場發生了嚴重的車禍。

筆者忍不住別開目光，趕緊離開車禍現場，返回自家。

翌日，筆者看了報紙上關於那場車禍的報導才知道，原來是有人從高速公路上的天橋跳下去自殺，遭受牽連的車子因而翻覆嚴重損毀，駕駛則被拋出車外，最後傷重不治。

但是，一看到那篇報導所寫的車禍發生時間，筆者立刻背脊發涼。因為那個時間，正是筆者每次開車通過那個地方的時間。

而這一瞬間，筆者總算明白，為什麼昨天晚上自己就是不想回家，一直拖到很晚才啟程返家。

是某種「預感」在通知筆者這起車禍吧。多虧這個「預感」，筆者才能逃過一劫。

「不祥的預感」或「不好的預感」這類詞彙自古以來就有人使用，不知道為什麼，人類有時會發揮「預知能力」，事先察知逼近自己的危機或等著自己的危險。

有時這種能力會以「預感」的形式通知自己，而「預感」常會化為來自內心深處的「聲音」，或是自心底湧起的「感覺」。

當時的經驗，同樣屬於這種「預感」經驗。

不過，關於這種「預感」，筆者還有另一個更戲劇性、更不可思議的經驗。

感應到兩年後太空梭爆炸事件的「預感」經驗

那是一九八三年發生的事。

當時，日本政府決定參與美國的太空梭計畫，宇宙開發事業團（ＪＡＸＡ的前身）便決定在日本國內募集、選拔搭乘那艘太空梭的首位日本太空人。

那時任職於某公司的筆者，也在總經理的推薦下決定報名參加。於是，筆者就一邊忙著工作，一邊準備各種文件，然後在年底報名了這項選拔活動。翌年一九八四年，第一次審查結果以郵遞方式送到筆者手中。

這項選拔活動競爭相當激烈，再加上筆者的視力不好，因此筆者其實事前就大致預料到自己不會通過選拔。

可是，當筆者打開這封審查結果通知書，看到結果是「未通過」的那一刻，不知怎的，一股「不祥的預感」竄過全身，而且心裡很清楚地湧現「這項計畫不會順利！」的感覺。

如同前述，筆者事前就大致預料到自己會落選，看到結果時也沒感到多大的失望，但就連筆者自己也不曉得，為什麼這種不祥的感覺會籠罩全身。當時筆者只覺得「難道是因為自己很不甘心才會這麼想嗎……」，並未多加細想這種感覺代表的意思。

沒想到，當天晚上回到老家，要向家母報告自己沒通過選拔的消息時，筆者又看到了令人吃驚的東西。

家母是個愛畫畫的人，她畫了一幅火箭的畫，祈求兒子能當上太空人。

但是，看到那幅畫時，筆者實在難掩內心的驚訝。

因為家母畫的火箭，不知為何前端竟對著天空噴火。

看了那幅畫後，筆者忍不住說：「媽，火箭是向下噴火啦。」家母聽了也說：「啊，對耶。」她似乎並不怎麼在意，自己為什麼會畫出對著天空噴火的火箭。

當時，除了查看通知書時的不祥預感外，這幅奇怪的畫也讓筆者有種怪異的感覺，但是筆者並未繼續深究，而報名選拔活動的事，則因為每天忙於工作而淡忘了。

不過，兩年後的一九八六年一月，筆者在打開當天報紙的那一刻，終於明白那時的感覺與那幅畫代表了什麼意思。

因為報紙頭版報導的是前一天——一月二十八日，美國甘迺迪太空中心所發生的挑戰者號太空梭爆炸事故。

而且，這起犧牲了七名太空人的悲慘事故，後來導致這項計畫延宕了將近三年。

這同樣是筆者經歷過的、極富戲劇性的「預感」經驗。

順帶一提，當時的選拔測驗，最後從五百三十一位報名者當中選出的是，日後搭上太空梭的毛利衛、向井千秋、土井隆雄這三位人士。

前面介紹了筆者人生中的「預知」與「預感」經驗，除此之外，筆者也有過雖然沒那麼戲劇性，但令人印象深刻的「占卜應驗」經驗。

接下來筆者想介紹兩個例子，兩者都是不希望成真的「占卜」結果應驗的經驗。雖然占卜結果怎麼想都覺得「不可能成真」，最後竟然因為意想不到的事情而「應驗」。

預料到升高中時會發生意想不到之事的「占卜」經驗

第一個經驗，是筆者國中二年級時發生的事。

當時是考高中的前一年，而筆者的第一志願是都立H高中。雖然以在校成績來看，要考進H高中並不怎麼困難，不過筆者還是決定請家母認識的命理師幫忙算一下自己的未來。

那位命理師是出了名的鐵口直斷，筆者請他算算看明年自己有沒有辦法就讀H高中。但是，不管對方算了幾次，得到的結果都是「沒辦法就讀H高中」。

看到占卜的結果是「沒辦法就讀理應考得上的高中」後，筆者納悶地想著：「難道是考試當天碰上生病之類的狀況嗎……」

然而，到了翌年，筆者升上國中三年級時，竟然發生了意想不到的事。

東京都從那一年起實施「校群制度」，而H高中則與K高中、M高中組成一個校群，即使考試合格，最後也是以抽籤方式來決定分發到哪所學校。因此，筆者只好決定改讀國立T高中，以結果來看，那位命理師算得很準，筆者確實沒能進入H高中就讀。

說中真正的貴人所在方位的「占卜」經驗

第二個經驗是，筆者就快念完研究所時發生的事。

當時，筆者獲得指導教授K教授的邀約，說好等筆者取得博士學位後，就到他的研究室擔任助理。

某天，筆者經過新宿街頭某個算命攤時，不知怎的突然有股奇妙的感覺，平常對算命沒興趣的筆者便決定請對方算一下自己的出路。

命理師第一次算出來的結果是：「你將過著被上級提攜的人生。」筆者心想：「的確是這樣沒錯……」接著命理師說：「我幫你算一下那位上級住在哪個方位吧。」然後開始算第二個問題，這時筆者在心裡想著：「K教授提拔我擔任他的助手，而我家位在東京，K教授住在湘南，所以算出來的結果應該會是『南方』……」

然而，命理師算出來的結果卻是「北方」，跟筆者預料的不同。當時筆者也覺得奇怪，納悶地離開算命攤。

沒想到，過了幾天後，K教授竟然告知筆者：「由於諸多因素，助理一職沒有空缺了。」筆者非常失望，只好去找其他的工作，不久就獲得某財團企業M公司的A董事邀約，決定在M公司就職。

事後筆者才知道，這位A董事當時住在埼玉，換言之他是住在「北方」的人。

更不可思議的是，那天算命時，命理師還跟筆者說了這句話：

「提攜你的那個人，應該會爬到更高的地位。」

結果就跟那位命理師預料的一樣，這位A董事在十四年後，成為這家財團企業M公司的總經理。

請問，你相信這類「占卜」真的會應驗嗎？還是認為「占卜」只是迷信呢？

如同前述，當時筆者抱持著唯物論世界觀，因此並不怎麼相信充斥在世上的「占卜」，但回顧人生時卻發現，自己竟然也有過這樣不可思議的「占卜」結果應驗經驗。

站在「科學家」的立場努力解開「不可思議的事件」

以上介紹的是筆者經歷過的「不可思議事件」，其實在筆者的人生當中，這樣的事件多到數不清，例如：

走在路上時，某棟公寓突然引起自己的注意，但不曉得自己為什麼會在意。幾個月後，自己有緣認識某位經營者，受邀到對方家裡作客。沒想到，對方家就是當時引起自己注意的那棟公寓。

看電視時，畫面上出現了某個人物。當自己看著那個人物時，內心深處突然湧現「自己跟這個人好像有什麼緣分……」的感覺。

結果過了幾天後，自己就在熟人的介紹下見到那位人物。

早上醒來時，突然想到「A最近不知道過得怎麼樣」。

結果，當天就收到久未聯絡的A寄來的電子郵件。

跟某人交談時，湊巧提到了B的事，這時手機響了，一接卻發現是B打來的電話。

每次不經意察看時間，電子鐘的數字常常正好跟自己的生日一致，而且這樣的機率高到不可思議的地步。

在筆者的日常生活中，像上述這樣的「不可思議事件」實在多到數不清。

不過，筆者要說的，絕對不是自己擁有什麼「超能力」或「靈異能力」。

其實，這種**「不可思議的經驗」每個人都有**。

在之前的人生當中，你應該也有過這種經驗吧？例如「心有靈犀」、「預知」、「預感」等經驗，以及「占卜」結果應驗的經驗。

因此，當筆者跟好友或熟人分享這種「不可思議的經驗」時，常會聽到那位好友或熟人表示自己也有同樣的經驗。

實際上，自人類有史以來，在這幾千年的歲月中已有無數人經歷過這樣的事，也有眾多知識分子進行研究，然而無論是科學家還是宗教家，至今仍無人能夠明確說明，為什麼會發生這種「不可思議的事件」。

因此，筆者的那些朋友與熟人確實也擔心，談論這種經驗會遭到周遭的誤解，故不太願意積極主動地說出來。

筆者也是擔心自己遭到誤解的其中一人。坦白說，筆者確實也猶豫過，是否要在本書中談論這種經驗。

況且，筆者還是受過科學教育、走過研究者這條路的人，完全不能接受動不動就扯到「超能力」、「超自然現象」、「靈異世界」、「背後靈」等等，以這種「黑箱」式解釋來說明這類現象。

可是，就連這樣的筆者也在過往幾十年的人生中，多次經歷前述那種「不可思議的事件」，從而逐漸感覺到這個世界存在著現代科學尚無法理解的「某種事物」。

此外，因為自己從事過科學家與研究者這一行，筆者也開始思考，自己實際經歷過好幾次的「不可思議事件」是否有什麼「科學根據」。

花了數十年終於尋得的「一項科學假說」

那麼，為什麼我們大部分的人，會經歷傳統的科學無法說明的「不可思議事件」呢？為什麼我們的人生當中，會發生這種「意識的不可思議現象」呢？這種現象，真的沒辦法用科學來說明嗎？

如果可以的話，筆者想以理性的方法，瞭解這些現象的發生原因，瞭解**「科學尚無法理解的某種事物」**。

那麼，這種**「不可思議的事件」**，**真的無法用科學來說明嗎**？

多年來筆者都抱著這個疑問，並且持續摸索解開這個疑問的答案，最後終於在二十多年前尋得一項「科學假說」。

那就是，現代科學最先進的**量子物理學（Quantum Physics）**領域正在討論的一項很有意思的假說。

那是一個什麼樣的假說呢？

接著就來介紹這項假說吧！

第五章

爲什麼人生中會發生「不可思議的事件」？

最先進的量子科學所提出的「零點場假說」

我們在人生中經歷的「不可思議事件」，真的無法用科學來說明嗎？

身為一名專攻核子工程學與量子物理學的科學家，多年來筆者都抱著這個疑問，並且持續摸索解開這個疑問的答案，最後終於在二十多年前尋得一項「科學假說」。

那就是，現代科學最先進的量子物理學領域正在討論的一項很有意思的「假說」。

那項假說稱為**「零點場假說」**。得知這項假說時，筆者產生了這樣的預感：如果這項假說是正確的，不僅能以科學角度查明，前述的「不可思議事件」與「意識的不可思議現象」是怎麼回事，就連人類數千年的歷史中，許多宗教家談論過、無數人相信過的「神祕現象」與「神祕經驗」的真相也都能夠查明吧。

那麼，這個「零點場假說」是什麼樣的假說呢？

接下來要談的內容，乍看可能會覺得是超乎我們常識的理論，不過那絕非可疑的非科學理論，身為核子工程專家的筆者以自己的知識見解來看，也覺得這是一項十分值得討論的「科學假說」。

那麼，這個「零點場假說」的內容到底是什麼呢？

從「無」誕生出壯闊宇宙森羅萬象的「量子真空」

如果要用一句話來說明「零點場假說」，那就是：**普遍存在於這個宇宙的「量子真空」之中，有個稱為「零點場」的場域，這個宇宙的所有事件與所有資訊都被「記錄」在這個場內。**

即使看到這樣的說明，你應該也很難立刻相信吧？

其實，筆者之前也是如此。

但是，從筆者專攻的量子物理學觀點來看，「這個宇宙中存在著『量子真空（Quantum Vacuum）』，而這個場充滿了『零點能量（Zero-point Energy）』」此一說法，如今已是公認的科學事實。

那麼，「量子真空」是什麼呢？

要說明「量子真空」，必須先從這個**宇宙的誕生起源**開始說起。

那麼，我們居住的這個宇宙是何時誕生的呢？

現代最先進的宇宙學認為，這個宇宙誕生於一百三十八億年前。

那麼，宇宙誕生之前有什麼呢？

那裡什麼也沒有。

只有「真空」而已。

這個「真空」，專業術語稱為「量子真空」。

這個「量子真空」，在某個時刻突然發生「漲落」。

這一瞬間，「量子真空」產生了極微小的宇宙，之後它開始急劇膨脹。

佐藤勝彥和阿蘭．古斯（Alan Guth）提出的「宇宙暴脹理論」，即是談論這段過程的科學理論。

之後，這個小宇宙的萌芽，引發了**大霹靂**（**Big Bang**），現在的宇宙於焉誕生。

喬治．伽莫夫（George Gamow）等人提出的**「大霹靂宇宙論」**，即是談論這段過程的科學理論。

發生大霹靂後，這個宇宙便以光速膨脹，花了一百三十八億年的歲月，才變成現在這樣壯闊無垠的宇宙。

接著，這個宇宙的一隅，誕生了太陽這顆恆星以及地球這顆行星，而地球上又誕生了各式各樣的生命，形成豐富的生態系，最後我們人類也誕生了。

如同上述，這個壯闊無垠的宇宙、森羅萬象的宇宙，全是誕生自這個「量子真空」。

蘊含無限能量的「量子真空」

這也就是說，**「量子真空」之中，蘊藏著足以創造這個壯闊宇宙的龐大能量**。

而且這個「量子真空」，現在也普遍存在於我們的身邊、存在於這個宇宙的所有地方。

換句話說，**我們所生活的這個世界的「背後」，存在著名為「量子真空」、充滿無限能量的世界**。

雖然現代科學最先進的量子物理學已證實，**就連空無一物的「真空」之中也一樣蘊藏著龐大的能量**，不過若以「真空」等於「無」這種一般常識來看，應該很難理解這件事吧？

因為這意謂著，即使把密閉容器內包括空氣在內的所有物質都吸出去，使容器內部呈完全的「真空」狀態，這個「真空」之中依然存在著龐大的能量。而這種能量，量子物理學稱為「零點能量」。這的確超出了我們的常識。

那麼，這種「龐大的能量」到底有多龐大呢？

關於這個問題，有許多人做過試算，例如諾貝爾物理學獎得主理察・費曼（Richard Feynman）就推算，一立方公尺空間內蘊含的能量，足以將全球各大洋的海水煮沸。

另外，最新的「量子真空」研究也提出理論，認為這種能量是「無限」的。

記錄這個宇宙一切資訊的「零點場」

前面陳述的是，現代科學承認的「事實」。

接下來要談的是，現代最先進的科學所提出的「假說」。

因此，在詳細討論這項「假說」之前，筆者先把假說的內容說明得更正確一點。這項「零點場假說」是認為，普遍存在於這個宇宙的「量子真空」之中有著「零點場」，而這個宇宙的所有事件與所有資訊，則化為**「波動資訊」**，**運用「全像片原理（hologram）」被「記錄」在這個場內**。

那麼，為什麼這個宇宙的所有事件與所有資訊，會被記錄在這個「量子真空」中的「零點場」呢？

這應該是每個人最先產生的疑問。

筆者一開始也是先冒出這個疑問。

如果這項假說認為，那些資訊是以「數位資訊」的型態被記錄下來，筆者應該會一笑置之，也不會認真地討論這項假說吧。

但是，如同剛才所述，這項假說認為，這個宇宙的所有事件與所有資訊，全都化為**「波動資訊」**被記錄在「零點場」內。

而且，還是**以利用了「波動干涉」的「全像片原理」來記錄**。

得知這些內容後，身為一名核子工程學家的筆者覺得，這是個絕對無法一笑置之的假說。

因為，**從量子物理學的角度來看，這個世界的一切都是「波動」**。

看到筆者這麼說，你或許會很訝異，不過這是「**科學事實**」。

這個世界不存在「物質」，一切都是「波動」

也就是說，從量子物理學的角度來看，我們視為「物質」的東西，其實就是「能量」、就是「波動」，我們會覺得這些東西是「有質量或重量的物質」或「堅硬的物體」，其實只是我們的一般認知所造成的「錯覺」。

雖然我們認為，無論是自己的身體還是這個世界，都是以明確的「物質」型態存在著，但其實，我們的身體與這個世界，全是由「原子」構成，而原子又是由電子、質子、中子等基本粒子構成。

此外，這些基本粒子，實際上是「能量的振動」，也就是「波動」。

因此，**若從量子物理學的角度來看，我們平常感覺到的「物質」，本來是不存在的**。

舉例來說，當我們拿鐵棒敲打玻璃時，會覺得兩者為「堅硬的物體」，是因為鐵原子的「波動能量團」，與構成玻璃的二氧化矽原子及氧原子的「波動能量團」互相排斥。

換言之，我們眼前的世界，無論看起來有多麼像「堅實的物質」，若以量子物理學的微觀觀點來看，一切都只是「波動」。

不，不光是**「肉眼看得見的物質」**。

就連我們認為的**「肉眼看不見的意識」**，其本質同樣全是能量、全是波動。因為我們的意識、心靈或精神，無論是視為一種量子現象，還是視為大腦神經細胞的電訊號，兩者全都是「波動能量」。

因此，這個宇宙的「所有事件」——無論是銀河系的形成、地球這顆行星的誕生、羅馬帝國的興亡、你出生在這個世上、你今天的早餐，或是你覺得早餐好吃——若從量子物理學的角度來看，其本質全是「波動能量」。

所以說，如果存在於「量子真空」中的「零點場」，是將這個宇宙發生的「事件」——也就是所謂的「波動能量」——以「波動資訊」的型態記錄下來，那麼「零點場」記錄著這個宇宙的「所有事件」之假說，就絕對不是荒唐無稽的理論。

不過，就算筆者這麼說，你可能還是沒有具體的概念。筆者也不怕你誤解，這裡就用淺顯易懂的比喻來說明，**「以波動資訊的型態記錄波動能量」**的意思。

舉例來說，現在請你想像一下，從平靜的湖面上吹過的風。這裡的風是「空氣的波動」，它會在湖面產生水波，即「水的波動」。換句話說，「風」這個波動能量的痕跡，會化為「湖面的水波」這種波動資訊被「記錄」下來。

此外，若有各式各樣的「風」從湖面上吹過，所有的「風」都會化為「湖面的水波」被「記錄」下來吧。

這就是零點場（湖面）以「波動資訊（湖面的水波）」的型態，記錄現實世界（湖面上）的「事件（風）」之概念。

不過，若是現實中的風與湖面，其「波動能量」會衰減，而波動的痕跡會隨著時間消失。但是，**零點場是「量子場（Quantum Field）」，所以不會發生「能量的衰減」**。因此，被

「記錄」在這個場內的「波動資訊」會永遠保留下來。

這句話是什麼意思呢？稍後筆者再用其他的比喻來說明吧。

總而言之，若以量子物理學的觀點來看，「發生在這個宇宙的所有事件都是『波動』，而且全都以『波動資訊』的型態被記錄在零點場內」這一假說，的確相當具有合理性。

「零點場假說」並非荒唐無稽的理論

但是，看到筆者說**「零點場記錄著這個宇宙的所有事件與所有資訊」**，你或許會感到荒唐無稽，覺得零點場怎麼可能儲存這麼龐大的資訊。

不過，如同前述，「量子真空」本來就是創造出這個壯闊宇宙的場，蘊含了無限的能量。由此看來，「零點場記錄了這個宇宙的所有事件與所有資訊」，絕對不是荒唐無稽的假說。

請你回想一下，前面提到的「大霹靂宇宙論」。當初喬治・伽莫夫提出「宇宙誕生於很久以前發生的大霹靂」這項理論時，同樣有許多科學家批評是「荒唐無稽」。然而之後，阿諾・彭齊亞斯（Arno Penzias）與羅伯特・威爾遜（Robert Wilson）等人觀測到「宇宙背景輻射」，證明了**「大霹靂宇宙論」**是千真萬確的事實。

此外，現代最先進的宇宙學正在探討**「平行宇宙論（多重宇宙論）」**。這項理論認為，除了我們生活的這個宇宙外，還存在著數個宇宙。雖然就某個意思來說，這是個「極為荒唐無稽」的理論，但現代最先進的科學卻很認真地進行討論。

還有，因小柴昌俊教授獲得諾貝爾獎，以及神岡探測器（KAMIOKANDE）的成果，而在近年受到矚目的「微中子」，以及因粒子加速器的進步，其存在終於得到承認的「希格斯玻色子」，也都在該理論剛提出時受到許多質疑。

考量到上述的科學歷史與現在的科學視野，筆者認為這項「零點場假說」，絕對不是不科學的理論，反而是值得認真討論、研究的科學假說。

順帶一提，「宗教」世界很久以前就已提到，與「零點場」極為相似的看法，實在很不可思議。

例如**佛教的「唯識思想」**認為，我們的意識之下存在著**「末那識」**與更深層的**「阿賴耶識」**這兩個意識境界，而「阿賴耶識」含藏著「種子」，那是這個世界過去所有事件的果，以及未來一切的因。

另外，**「古印度哲學」**有個**「虛空界（Akash）」**思想，而「虛空界」這個地方「記錄」著關於宇宙誕生以來一切存在的各種資訊。

這些思想都與「零點場假說」極為相似。為什麼**「最先進的科學」與「古代宗教」之間，會出現這種不可思議的一致呢？**稍後筆者會再說明原因。

如同上述，「零點場假說」是相當具合理性的理論，若從現代最先進的科學觀點來看，此假說還有著另一種合理性。

運用「全像片原理」記錄在零點場內的「一切波動」

這是因為，如同前述，這項「零點場假說」認為，「量子真空」中存在著「零點場」，而這個宇宙的所有事件與所有資訊，**則是運用「全像片原理」，以「波動資訊」的型態被「記錄」在這個場內**。

那麼，這個**「全像片原理」**是什麼原理呢？

以下就先從專業角度進行說明。

這裡說的全像片原理，就是利用波的「干涉」來記錄波動資訊。只要記錄兩道不同相位的「波」互相干涉時所產生的「干涉條紋」，即可進行高密度的資訊記錄，亦可記錄清晰的立體影像。

用專業術語來說明應該不太好懂，接著就舉個最容易理解其概念的例子。在著名科幻電影《星際大戰》四部曲開頭的某一幕中，主角路克．天行者（Luke Skywalker）看到了小型投影機投射出來的莉亞公主（Princess Leia）3D立體影像，而這種立體影像的顯示技術，即是運用了「全像片原理」的全像投影技術。

由於以科學觀點說明這個原理並非本書的目的，這裡只要明白**「全像片原理」具有「兩個厲害的優點」**應該就夠了。

第一個優點是，只要運用這個「全像片原理」，就能**進行極高密度的資訊記錄**。換句話說，能夠記錄的資訊量相當龐大，譬如只須一個跟方糖差不多大的媒體，就足以儲存美國國會圖書館的所有館藏資料。

因此，如果「零點場」是運用「全像片原理」，記錄這個宇宙的事件資訊，那麼它能夠記錄的資訊量就龐大到接近無限。

第二個優點是，只要運用這種「全像片原理」，記錄下來的資訊就會保存在記錄媒體的「所有地方」，因此也可以**從媒體的「某一部分」取出「全部的資訊」**。實際上，記錄立體影像的全像底片，就算將其中一部分裁切下來，依然可以利用這段底片重現全部的影像。儘管解析度會變差，不過影像確實能夠重現。

因此，如果「零點場」是運用「全像片原理」，記錄這個宇宙的事件資訊，那麼只要連接到場的「某一部分」，就能接觸記錄在場內的「全部資訊」。

如同上述，「全像片原理」是一種非常厲害的資訊記錄原理。除此之外，這個原理其實也是**我們所生活的這個宇宙，以及這個世界根底的基本原理**。

因此，瞭解這個原理，對於解開現代科學面對的各種「謎題」也具有重要的意義，不過這個部分超出了本書的主題，所以下次有機會再來談。

不過，關於我們所生活的這個宇宙與這個世界的「**全像結構**」，也就是「**局部中有全部**」這種奇妙結構，其實古老的宗教智慧與詩人的神祕直覺早已洞察了本質。

舉例來說，佛教經典《華嚴經》就提到「**一即多，多即一**」的思想，英國神祕詩人威廉・布萊克（William Blake）則留下了「**一沙一世界**」這句詩。

如同上述，這個世界的一切，其實全是「波動能量」，而發生在這個宇宙的事件資訊，則全是該「波動能量」的軌跡。

因此，「發生在這個宇宙的所有事件，亦即『波動能量』的所有軌跡，是以『波動資訊』的型態被記錄在『量子真空』中的『零點場』」這一假說，即使從科學角度來看，一樣可說是相當具有合理性的。

「波動資訊」會永遠保留在零點場內

此外，「這個宇宙的所有事件與所有資訊，是以『波動資訊』的型態被記錄在『量子真空』中的『零點場』」這一假說，從科學角度來看還具有另一種合理性。

那就是前面提到的：在「零點場」這個「量子場」內，不會發生「能量的衰減」。

也就是說，以「波動」型態記錄在「零點場」內的資訊，絕對不會隨著能量的衰減而消失。換言之，因為無論經過多少時間都不會消失，故**記錄在「零點場」內的資訊會永遠保留下來**。

那麼，這代表什麼意思呢？

為了讓你明白這句話的意思，筆者再舉一個淺顯易懂的例子。

從以前到現在，世界各地都有喜歡玩業餘無線電的人士。只要獲得法律許可，個人就能開設無線電臺，在某個頻段透過電磁波發送或接收波動資訊，如此一來就能隨意傳送各種語音訊息，也可以接收各種語音訊息。

舉例來說，在美國科幻電影《接觸未來（Contact）》中，女星茱蒂・佛斯特（Jodie Foster）飾演的主角艾麗・阿諾威（Ellie Arroway），小時候很喜歡透過業餘無線電跟世界各地的人通話。這種業餘無線電，只要電波傳得到，就能接收來自地球另一邊的訊息，也可以向地球的另一邊發送訊息。

但不消說，這種無線電使用的是**「電磁波」**，因此**距離一遠，波動能量就會衰減，而且波動能量會隨著時間經過而消失**。

不過，這種電磁波的波動能量若是絕對不會衰減，那麼會發生什麼情況呢？

如此一來，無數的波動能量就會持續在我們眼前的空間裡交錯。

這也就是說，不光是此刻正在通訊的自己與對方的訊息，就連十年前自己發送的訊息、五十年前某人從地球另一邊發送的訊息，以及過去在地球上透過電波發送的所有電視、廣播的資訊，這些全都會以「波動能量」——也就是「波動資訊」——的型態持續往來交錯。

此外，只要我們能與這些「波動資訊」對上頻率，即可瞬間接收到過去至今被發送出去的所有「波動資訊」。

不過，現實中，業餘無線電與電視、廣播的資訊，都是透過電磁波傳送，因此會隨著距離與時間而衰減，絕對不會發生前述的情況。

但是，**量子真空的「零點場」所記錄的資訊是「量子波動」**，**故不會發生衰減**。因此，記錄在這個場內的資訊，是這個宇宙從古至今的所有事件與所有資訊，只要「零點場」還在，這些資訊就會永遠存在。

所以說，**如果我們能透過某種方法連接上「零點場」，那麼我們也能夠接觸到這個宇宙從古至今的所有事件與所有資訊**。

如同上述，「零點場假說」認為，發生在這個宇宙的所有事件與所有資訊，會以「波動資訊」的型態，永遠記錄在「量子真空」中的「零點場」內，而前面提到，**量子真空是在一百三十八億年前，創造出這個壯闊無垠、森羅萬象宇宙的場，而且這個場蘊藏著無限的能量**，由此看來，這確實是一項具有神奇說服力的假說。

不過，說到這裡，筆者當然也不能忘了提，這個「零點場」所具備的更加重要、更加不可思議的性質。

為什麼零點場內也有「未來的資訊」？

希望你聽了不要嚇一跳。其實存在於這個「零點場」的，不只有**「過去到現在的事件」**資訊，還有**「未來的事件」**資訊。

不過，看到筆者這麼說，你應該會立刻冒出以下的疑問吧。

「你剛才說，『零點場』內還有『未來的事件』資訊，但未來是『尚未到來』的意思，就是因為還不存在才稱為『未來』，不是嗎？」

的確，「未來」一詞的意思是「尚未到來」，「過去」一詞的意思則是「已過而去」。因此，我們認為「過去」是曾經發生、曾經存在的事物，「未來」則是尚未發生、尚不存在的事物。

此外，我們的一般認知也覺得**「時間是從過去往未來單向流動」**，所以我們才會把「未來是尚不存在的事物」當作「常識」。

筆者的認知當然也是如此。

但其實，只要得知記錄在「零點場」內的「過去到現在的事件」資訊，就能夠知道「未來的事件」資訊。換言之，**得知「過去」到「現在」所有事件的「波動資訊」，其實就可以預測，接下來將會發生的「未來」事件的「波動資訊」**。

關於這一點，筆者再舉個淺顯易懂的例子來說明吧。

從「現在的波動資訊」得知「未來的波動資訊」

假設現在，我們把三顆石子投到平靜的水池中。不消說，這三顆石子當然會激起水波，在水面上形成三個漣漪吧。接下來，這些漣漪會隨著時間而逐漸擴大，只要知道此刻這三個漣漪的狀態，就能大致預測這些漣漪之後會如何擴大、那三個波會如何互相影響、最後波形會變成什麼樣子。此外也能大致預測，這三個漣漪碰撞到池岸而反射後，會產生什麼樣的水波。因此，當各種水波在同一個水面上往來時，只要知道這些水波現在的狀態，就可以預測這些水波接下來會如何互相影響、各個水波會如何變化，換言之就是能夠預測這些水波的未來。

同樣的，在「**零點場**」內，**只要知道「過去」與「現在」瞬間的波狀態（波動資訊），就能大致預測「未來」的波狀態（波動資訊）**。因此，存在於「零點場」的資訊，不只有「過去」與「現在」的事件，其實還包含了「未來」的事件資訊。

不過，這種「未來」的預測，在現實世界裡幾乎不可能做到。這是因為，在現實世界裡，我們能夠從「過去到現在的事件」資訊中取得的資訊極為有限。

但是，**「零點場」內存在著與「過去到現在的事件」有關的龐大資訊**，如果我們的意識能連接上「零點場」，即可接觸到這些龐大的資訊，因此也能得知「未來可能發生的事件」。

舉例來說，第四章介紹過，筆者曾在一九八四年突然產生「這項太空梭計畫不會順利！」的「不祥預感」，結果這個預感成真，兩年後的一九八六年發生了太空梭爆炸事故。這起事故起因於「O形環的缺陷」，而NASA的幹部其實早在一九七七年就發現了這個問題，但遺憾的是，當時他們並未採取適當的措施。

照理說，一九八四年當時，筆者根本無從得知這項資訊，不過若是筆者的無意識，經由「零點場」接觸到這項資訊，就有可能感應到「未來可能發生的事件」，並產生這股「不祥的預感」吧。

如同上述，「零點場」內存在著與「過去到現在的事件」有關的龐大資訊，如果我們的意識能連接上「零點場」，即可接觸到這些龐大的資訊，因此**也能得知「未來可能發生的事件」**。

此外，這也是我們的人生當中，**發生「預感」、「預知」、「占卜應驗」等「不可思議事件」的原因**。

我們的「未來」與「命運」早已注定了嗎？

不過，看到筆者這麼說，你或許又會冒出以下的疑問。

「如果存在於零點場的，不只有『過去』與『現在』，還有『未來』的資訊，這代表我們人生的『未來』全都注定了嗎？我們的『命運』，全都注定了嗎？」

會有這樣的疑問也是很正常的吧。

不過，對於這個疑問，筆者的回答是：「不，我們人生的未來尚未決定。」

這是因為如同前述，存在於「零點場」的「未來」相關資訊，是從「過去到現在的各種事件」資訊組合出來的、關於**「有可能發生的各種未來」**的資訊，而我們的意識連接上「零點場」後所「預感」、「預知」到的未來，則是各種未來當中**「最有可能發生的未來」**。

因此，**若現在的我們改變行動，相關人士也改變行動，那麼就非常有可能實現另一種未來，而非原先那個「最有可能發生的未來」**。

實際上，世上有所謂能於夢中看到未來事件的**「預知夢」**，而且有的人做了「預知夢」後，夢境真的實現，有的人做了「預知夢」後改變行動，結果夢境並未成真。

前者其中一個廣為人知的例子，就是前美國總統林肯在遇刺的一週前，曾夢見自己遭到暗殺。至於後者的例子，則有夢見自己搭乘的船沉沒，因而決定不搭船，結果那艘船真的沉了，自己則逃過一劫。

如同上述，「零點場」內不只存在著「過去到現在的各種事件」資訊，也存在著由這些資訊組合起來的、關於「有可能發生的各種未來」的資訊。

因此，如果我們的意識能夠連接上這個「零點場」，就可以大致「預感」、「預知」、「占卜」到「未來」。

不過，此時「預感」、「預知」、「占卜」到的未來，是「有可能發生的各種未來」中「最有可能發生的未來」，故這個「預感」、「預知」或「占卜」，當然也會因為我們或其他人改變行動而不會成真。

這就是前述「夢見自己搭乘的船沉沒，因而決定不搭船，結果那艘船真的沉了，自己則逃過一劫」這種情況的發生原因。

「相對論」認為，過去、現在、未來同時存在

不過，談論「未來」這個主題時，我們必須先從最先進的科學觀點瞭解一件事。

你或許會感到訝異，不過筆者還是要告訴你這件事。

那就是現代物理學界，是如何看待「過去」、「現在」與「未來」的。

其實現代物理學界認為，「過去」、「現在」與「未來」是「同時」存在的。

事實上，愛因斯坦在其歷史性的成就**「相對論」**之中，就提出了四維的**「時空連續體（Space-Time Continuum）」概念**，即我們生活的三維「空間」，加上第四維的「時間」，而在這個「時空連續體」中，「過去」、「現在」與「未來」是同時存在的。

另外，現代最先進的物理學家保羅．戴維斯（Paul Davies），將「時間」視為一種**「時間景觀（Timescape）」**。這個概念就跟「陸上景觀（Landscape）」一樣，我們只要打開地圖，就能一眼看到所有的山岳、河川與其他地形，同樣的，**這個宇宙的空間廣度與時間廣度（歷史）上的一切也都能夠一目了然**。

這個「時間景觀」概念也認為，「過去」、「現在」與「未來」是同時存在的，而**「零點場」內的「過去」、「現在」與「未來」的資訊，應該就是以這種「時間景觀」的型態存在**。

順帶一提，由克里斯多福．諾蘭（Christopher Nolan）所導演的科幻電影《星際效應（Interstellar）》，也曾提及這個「時間景觀」的概念。

在這部電影裡，女星安．海瑟薇（Anne Hathaway）飾演的女主角——身兼科學家與太空人的艾蜜莉亞．布蘭德（Amelia Brand）曾說過以下這句話。

「或許對五維生命體而言，過去是一個可以爬進去的峽谷，未來則是一座可以爬上去的高山。」

我們人類本來就不是「五維生命體」，而現代物理學對時間的看法，與我們一般人的「認知」有很大的差異，因此當我們聽到「過去」、「現在」與「未來」是「同時」存在時，當然會感到非常疑惑。

不過，一旦接受這種看法，就能站在全然不同的境界，了解到我們為什麼會有「預感」、「預知」、「占卜應驗」等經驗。

此外，你或許會覺得難以置信，**如果「過去」、「現在」與「未來」以「時間景觀」的型態「同時」存在，那麼我們不只可藉由改變「現在」的行動來改變「未來」，其實也可以改變「過去」**。

不過，這個部分偏離了本書的主題「死亡不存在」，因此下次有機會再來談吧。

順帶一提，愛因斯坦曾在寫給朋友的信裡，留下這句廣為人知的名言。

「對我們物理學家而言，過去、現在與未來之間的區別，只不過是一種頑強的幻覺。」

二十一世紀的科學應該驗證的「零點場假說」

以上就是現代科學最先進的量子物理學界所談論的「零點場假說」，以及筆者根據這項假說提出的看法。不過，這項理論現階段仍只是「假說」。

因此，筆者期盼接下來，能有許多科學家去探討、研究、驗證這項「零點場假說」。

介紹完這項假說後，接著就來談談，**為什麼我們的意識能夠連接上「零點場」，以及為什麼能夠連接上零點場內的「宇宙的所有事件資訊」與「過去、現在、未來的事件資訊」。**

第六章

爲什麼我們的意識會連接上「零點場」？

諾貝爾獎得主潘洛斯嘗試解開「意識之謎」的「量子腦理論」

為什麼我們的意識能夠連接上「零點場」呢？此外，為什麼意識能夠連接上記錄在那裡的「宇宙的所有事件資訊」與「過去、現在、未來的事件資訊」呢？

原因就在於，**我們的「意識場」——即大腦與身體——可在量子尺度下連接上這個「零點場」**。

因此，在大腦或身體處於某種特殊狀況時，我們便能接收來自「零點場」的資訊，也可以將資訊傳送到這個場，而在這種特殊狀況下，我們的大腦與身體能夠連接上「宇宙的所有事件資訊」，以及「過去、現在、未來的事件資訊」。

看到筆者這麼說，你或許會很驚訝。

這的確是難以用我們的一般認知去理解的看法，不過，在現代最先進的腦科學領域，佐證這項假說的**「量子腦理論（Quantum Brain Theory）」**正受到矚目。

提出這項理論的人是英國理論物理學家羅傑．潘洛斯（Roger Penrose），他曾與「輪椅上的天才科學家」史蒂芬．霍金（Stephen Hawking）一同證明「黑洞的奇異點定理」。

潘洛斯是在二〇二〇年獲得諾貝爾物理學獎的科學家，他在「量子腦理論」中提出這樣的假說：發生在我們腦中的資訊處理程序，其實是一種**「量子程序」**。這項理論嘗試從這個觀點，解開我們的大腦活動與意識的問題。

因此，如果這項「量子腦理論」是正確的，亦即我們的大腦是以量子程序來傳遞資訊的話，那麼大腦也非常有可能在量子尺度下與「零點場」連接著。從科學角度來看，這是相當具有合理性的假說。

不過，筆者在本章的開頭寫的是**「大腦與身體」**，而不是寫**「大腦」**，這是因為即使在腦科學研究很先進的現在，仍然搞不清楚「意識」、「心靈」與「精神」，究竟是產生自「大腦」的作用，還是**「整個身體」**的作用，或者是產生自其他的東西。

這點與前述的「量子腦理論」，應該都會隨著**「量子生物學」**領域的發展而逐漸明朗，不過筆者認為，**不只「大腦」**，**「整個身體」也有可能透過量子程序傳遞訊息**。而且，真是如此的話，**我們的「整個身體」就有可能與「零點場」連接著**。在**「疾病的發生」**與**「疾病的治癒」**等問題上，這項假說應該能開啟嶄新的觀點吧。

舉例來說，因《空間・時間・醫療（Space, Time & Medicine）》等著作而聞名全球的醫學博士勞瑞・杜西（Larry Dossey），就在著作中分享了世上各種**「遠距治療（Remote Healing）」**的案例。

這是一種從遠處傳送「祈求康復的意念」，促進患者康復的治療法，雖然乍看會覺得是不科學的方法，但各種臨床案例均顯示，這種方法具有一定的治癒效果。

但是，若要使用「零點場假說」，從科學角度來說明「遠距治療」的發生原因，就一定得假設「整個身體」是透過量子程序傳遞訊息。

不過，這個問題偏離了本書的主題，因此下次有機會再來談吧。

言歸正傳，總之如同上述，從「量子腦理論」的假說與「量子生物學」今後的發展來看，「我們的『大腦』以及我們的『身體』，是透過量子程序連接著『零點場』」這一假說，應該十分值得從科學的角度去探討。

此外，假如我們的「意識場」——即「大腦與身體」——連接著「零點場」，那麼就能夠說明第三章介紹的「直覺」、「心有靈犀」、「預感」、「預知」、「占卜應驗」、「共時性」、「聚合」等「意識的不可思議現象」為什麼會發生。

也就是說，我們多數人經歷過的這類「意識的不可思議現象」，可以認為是我們的「意識」連接上「零點場」，吸引了需要的資訊、知識、智慧後所發生的現象，或者是彼此的「意識」透過「零點場」連結而引發的現象。

關於這個部分，筆者會在第七章進一步詳細說明。

存在於我們意識世界的「五個階層」

不過，有件事請你千萬不要誤解。

雖說我們的「意識」連接著這個「零點場」，但我們的表面意識世界並未與零點場直接連接。

這就是筆者剛才強調「在某種特殊狀況下」的原因。那麼，我們的何種「意識世界」，能與這個零點場連接呢？

若要知道答案，就必須參考現代心理學最先進的**「超個人心理學」**等知識與見解，了解到我們的**「意識世界」是「階層結構」**。

不消說，將「意識」這個極為複雜又精妙的世界，簡單地結構化再加以闡述，有可能會產生各種誤解，但為了讓你更加容易瞭解本書的主題，這裡就盡量用淺顯易懂的方式說明。

我們的「意識世界」，可大致分成以下「五個階層」。

充滿日常生活雜音的「表面意識」世界

第一個階層是**「表面意識」**世界。

這是我們度過日常生活、處理每日的工作時最為活躍的意識世界，不過這個世界是以我們的**「自我（Ego）」**為中心運作，因此這也是個經常產生不滿、憤怒、不安、恐懼、嫌惡、憎惡、嫉妒、怨恨等**「負面意念」**的世界。

而且，這個表面意識世界的「負面意念」會化為「雜音」，嚴重妨礙我們的意識與零點場連結。

這也就是為什麼古今中外的宗教皆認為，若要與神、佛、天交流，重點就是必須進行「祈禱」或「冥想」，使自己沒有「負面意念」、保持澄澈的心境。

而達到「澄澈的心境」後，我們的意識就會轉變成接下來的「寧靜意識」。

透過祈禱或冥想產生的「寧靜意識」世界

因此，第二個階層就是**「寧靜意識」**世界。

這是我們脫離日常生活或工作、保持「寧靜」時的意識世界，在這個世界裡，我們的「自我」活動比較平靜，而不滿、憤怒、不安、恐懼、嫌惡、憎惡、嫉妒、怨恨等「負面意念」也消失了。

因此，這個「寧靜意識」世界，往往比較容易與零點場連結。這也就是前面提到的，自古以來宗教人士或重視精神層面的人，都會積極實踐**「祈禱」**或**「冥想」**等**「心靈技法」**並且養成習慣的原因。

而且，適當實踐這種「心靈技法」的話，這個「寧靜意識」世界就會出現，冷靜地注視自身心靈的**「另一個自己」**。

「另一個自己」絕對不壓抑、不否定也不肯定心中的「自我」活動，只是冷靜地注視著。因此，當「另一個自己」出現後，「自我」的活動便會平靜下來，「負面意念」也會消失。於是，我們的意識就比較容易與零點場連結，能夠從那裡取得需要的資訊、知識或智慧，因此便會降下適當的**「直覺」**。

這裡的「另一個自己」，筆者稱為**「明智的另一個自己」**或是**「智我」**。

另外，拙著《直覺是可以鍛鍊的》，介紹了有助於連接上零點場、降下適當「直覺」的具體「心靈技法」。

能夠「吸引」運氣的「無意識」世界

第三個階層是**「無意識」**世界。

這是位於「表面意識」與「寧靜意識」的後面、我們自己不會注意到的意識世界，不過這個「無意識」世界，也是古今中外的**「運氣論」**都會提到的**「吸引力法則」（Law of Attraction）**所支配的世界。

也就是說，這個「無意識」世界，會透過零點場吸引「類似的資訊」，因此若這個世界有「負面意念」就會吸引「負面資訊」，最後便會招來「負面的事件或邂逅」、招來「壞運」。反之，若這個世界有「正面意念」就會吸引「正面資訊」，最後便能招來「正面的事件或邂逅」、招來「好運」。

因此，在「吸引力法則」的影響下，這個「無意識」世界會發生不可思議的**「直覺」**或**「共時性」**、**「聚合」**等現象。

另外，拙著《運氣是可以鍛鍊的》，介紹了連接零點場來吸引「好運」的「心靈技法」，具體來說，這種技法就是將「無意識」世界的「負面意念」轉變成「正面意念」，**「淨化」**這個**「無意識」世界**。

當「無意識」世界經過「淨化」，消除了「負面意念」，「自我」的活動也平靜下來時，就會出現所謂的**「無我」**狀態。

無意識與無意識互相連接的「超個人無意識」世界

第四個階層是**「超個人無意識」**世界。

剛才介紹了我們內心深處的「無意識」世界，而在這個「無意識」世界的後面，還有透過零點場將我們的「無意識」互相連接起來的世界。

這個世界，榮格心理學稱為**「集體無意識（Collective Unconscious）」**，超個人心理學則稱為**「超個人無意識（Transpersonal Unconscious）」**。

因此，在這個「超個人無意識」世界裡，不僅會發生**「直覺」**、**「共時性」**與**「聚合」**這些現象，也會發生**「心有靈犀」**等，讓人覺得我們的心靈是互相連接的**「超個人現象」**。

此外，這個「超個人無意識」世界裡，還會出現應稱為**「超我」**的自己，即超越每個人的「自我」與「智我」，也超越「無我」的自己。

跨越時間與空間互相連接的「超時空無意識」世界

第五個階層是**「超時空無意識」**世界。

「超個人無意識」是我們的「無意識」透過零點場**互相連接的狀態**，「超時空無意識」則超越前者，是我們的「無意識」與零點場**深入連接**的意識世界。

之所以稱為**「超時空」**，是因為零點場內也存在著「過去、現在、未來的事件資訊」，故我們的「無意識」不只連接超越「個人」、超越「空間」的資訊，也連接超越「時間」的資訊。

尤其，當我們的「無意識」與零點場深入連結，進入這種「超時空無意識」狀態時，我們也能悟得有關「未來」的資訊，因此除了**「直覺」**、**「共時性」**、**「聚合」**、**「心有靈犀」**外，還會發生所謂的**「預感」**、**「預知」**、**「占卜應驗」**等「得知未來」的經驗。

此外，在這個「超時空無意識」世界裡，我們的心中還會出現自古以來東方思想所談論的「真我」，即超越「自我」與「智我」，也超越「無我」與「超我」的自己。

「意識的五個階層」與「死後意識的變化」

雖然內容有點複雜，不過筆者已盡量說明得淺顯易懂。相信你應該已經明白，我們的「意識世界」是階層結構，以及各個階層的性質了。此外，你應該也已經明白，我們的「意識階層」是如何跟零點場連結的吧。

這裡再重新整理一次**「意識的五個階層」**。

第一個**「表面意識」**世界，是日常生活中**「自我」**十分活躍的世界，因此我們的意識難以連接上零點場。

第二個**「寧靜意識」**世界，是藉由祈禱或冥想使「自我」的活動平靜下來的世界，亦是會出現**「智我」**（明智的另一個自己）的世界。因此，在這個世界裡，我們的意識有時會連接上零點場，降下不可思議的**「直覺」**。

第三個**「無意識」**世界，又稱為**「無我」**世界。在這個世界裡，我們的意識連接著零點場，因此會流入各種資訊、知識與智慧。所以，這個世界會發生**「共時性」**與**「聚合」**等不可思議的現象。

第四個**「超個人無意識」**世界，又稱為**「超我」**世界。在這個世界裡，我們的意識更加深入連接零點場，故我們能透過零點場，廣泛連接各種人物的無意識。因此，這個世界會發生**「心有靈犀」**之類的不可思議現象。

第五個**「超時空無意識」**世界，又稱為**「真我」**世界。在這個世界裡，我們的意識與零點場合為一體，故能跨越時間與空間，聚集各種資訊、知識與智慧。因此，這個世界會發生**「預感」**、**「預知」**、**「占卜應驗」**等不可思議的現象。

以上是「意識的五個階層」，以及各個階層的性質，其中**「寧靜意識」**、**「無意識」**、**「超個人無意識」**、**「超時空無意識」**這四個階層，是可連接上零點場的「意識狀態」。

此外，先瞭解這個**「意識的五個階層」**，之後應該就會比較容易理解，第八章到第十一章要談的**「死後我們的意識變化」**。

以上說明的是，**為什麼我們的大腦、身體以及意識，能夠連接上這個「零點場」，以及為**

什麼我們的意識，能夠連接上記錄在零點場內的「宇宙的所有事件資訊」與「過去、現在、未來的事件資訊」。

看完之後，相信你應該能夠明白，如果這項「零點場假說」是正確的，即證明了在人類數千年的歷史當中，無數人經歷過的「意識的不可思議現象」——也就是「直覺」、「心有靈犀」、「預感」、「預知」、「占卜應驗」、「共時性」、「聚合」等現象，正是我們的意識連接上「零點場」所引起的現象。

那麼，筆者就在接下來的第七章，再更具體一點地解說這個部分吧。

第七章

零點場假說所解釋的「意識的不可思議現象」

為什麼零點場會匯集「類似的資訊」呢？

上一章筆者運用「量子腦理論」及「超個人心理學」的看法來說明，為什麼我們的大腦、身體與意識能夠連接上「零點場」，以及記錄在那裡的「宇宙的所有事件資訊」與「過去、現在、未來的事件資訊」。

因此，如果這些假說是正確的，就可以合理說明，我們平常經歷的「意識的不可思議現象」——「直覺」、「心有靈犀」、「預感」、「預知」、「占卜應驗」、「共時性」、「聚合」等現象的發生原因。

那麼一開始，我們先來想一想，你應該也有的一個疑問。

上一章談到，古今中外的「運氣論」都會提及**「吸引力法則」**，這是因為**「無意識」世界，會透過零點場匯集「類似的資訊」**。

那麼，為什麼連接上零點場後，「類似的資訊」就會匯集過來呢？

這是因為，在「無意識」世界「想」某樣事物，就等於是在**「尋找」**或**「收集」**與這個「意念」有關的資訊。

當然，不只「無意識」世界，「表面意識」世界也經常發生這種意識活動。

例如，正在煩惱某個問題時，發現不經意翻開的報紙一角上寫著有關該問題的資訊，或是聽到等候室播放的電視節目正在談論有關該問題的資訊，這種情況你應該也經常遇到吧。

如同這個例子，在我們的**意識活動中，「想」即是「尋找」或「收集」**，而論這種意識活動的強度，「無意識」世界是遠高於「表面意識」世界的。

再者，**「無意識」世界不像「表面意識」世界，不會進行「價值判斷」**。

因此，如果「無意識」世界裡有「負面意念」，即使「表面意識」不喜歡或抗拒，「無意識」也不會去管這種心情，仍舊會去「尋找」、「收集」跟這個「負面意念」有關的「負面資訊」。最後，自己就會往實現這個「負面意念」的方向展開行動。

舉例來說，如果我們的「無意識」世界裡有「不安」或「恐懼」的意念，即使「表面意識」不喜歡或抗拒，「無意識」仍舊會去「尋找」、「收集」跟「不安」或「恐懼」有關的資訊。而且，自己往往會朝著實現這股「不安」或「恐懼」的方向展開行動。

這就是為什麼世上的「運氣論」會說，「負面意念會招來壞運」，以及筆者為何會在《運氣是可以鍛鍊的》等著作中表示，**「內心深處的『恐懼』，是使這個意念實現的『祈求』」**。

以上就是「無意識」世界，透過零點場匯集與該意念「類似的資訊」或「相關的資訊」的原因，以及「吸引資訊」的原因。這裡有一點極為重要，就是當我們的無意識連接上「零點場」時，會以驚人的速度**吸引資訊**。這種**「資訊探索」的速度，快到無法用我們的常識去想像**。

這是因為**在零點場內，資訊傳遞是瞬間發生的事**，而這種「資訊探索」的速度極快，故當**我們的無意識連接上零點場時，也能瞬間「探索」場內的龐大資訊**。

不過，就算筆者這麼說，你應該還是很難理解，所以接下來就用電影的隱喻來解說吧。

可超高速進行「資訊探索」的零點場

這個例子，就是美國的科幻電影《雲端情人（her）》。這一部電影裡的男主角西奧多（Theodore），某天購買了可在自己的電腦上運作的**「人工智慧虛擬助理」**，安裝後他立刻啟動這套虛擬助理系統。

當女聲助理出現在電腦上後，西奧多先詢問她的名字，虛擬助理回答：「我叫莎曼珊（Samantha）。」

西奧多接著問這個名字是誰取的，莎曼珊便回答，因為西奧多剛才問她名字，所以她立刻閱讀命名法的書，然後從十八萬個名字當中選出自己最喜歡的名字。

西奧多聽了很吃驚，問莎曼珊「妳只花一秒就讀完一本書嗎」，結果莎曼珊回答，她是用百分之二秒看完那本書。

其實，對現代的電腦而言，這種速度的「資訊探索」是家常便飯。既然就連有各種機械限制的現代電腦，都能以這種速度進行「資訊探索」，那麼在沒有這類機械限制的「零點場內」進行「資訊探索」，速度當然遠遠超過這個水準。

畢竟，有望在不久的將來實用化的**「量子電腦」**，其「資訊探索」的速度據說是現代電腦的「一億倍」，「量子場」——即零點場——的資訊處理速度就是這麼快。

不消說，我們大腦的「資訊探索」速度在「肉體限制」與「自我障礙」的影響下，就連在現代電腦上運作的人工智慧莎曼珊都完全比不上。可是，一旦我們的無意識連接上零點場，這時就會展現超乎想像的速度。

其實，自古就有許多人經歷過的**「記憶閃回現象（Flashback）」**，即告訴了我們這項事實。

這是一種當人面臨「死亡」、迎接最後一刻時，自己人生中的所有情景會飛速掠過心中的現象，日本則形容這種現象是**「過去的所有回憶，就像走馬燈一般在腦中播放」**。

這種現象即是人生的所有情景，一瞬間浮上心頭又立刻消失，我們可以認為這是無意識連接上零點場時發生的現象，而這個時候，我們的無意識就會展現出這種速度超乎想像的「資訊探索」能力。

另外，這種「記憶閃回現象」，也是許多鬼門關前走一遭的人都分享過的現象，而且這些經驗報告的可信度極高。

其實，筆者的一位朋友就曾分享他的親身經驗。

這位朋友是登山家，某次挑戰危險的溯溪時，他因腳滑而從岩石上滑落下去，就在他本人也做好「死亡」的心理準備時，奇蹟似地被樹木勾住而撿回一命。

當時，他告訴目睹這一幕的登山夥伴：「原來那是真的。在我做好死亡的心理準備時，腦中閃過了人生的所有情景。」

就像這個例子一樣，當我們的無意識連接上零點場時，能夠以超乎想像的速度進行「資訊探索」，並且能瞬間從零點場內的龐大資訊中取得需要的資訊。

為什麼天才會覺得靈感「從天而降」？

倘若我們的無意識連接上零點場時，能夠接觸到記錄在那裡的龐大資訊，那麼這些資訊當中，當然也存在著人類歷史上各個賢人、科學家、宗教家、思想家、哲學家所擁有的「淵博知識」與「深遠智慧」。

如果這項假設是正確的，對於以下這個世人都有的疑問，我們應該能夠得到答案。

為什麼有「天才」之稱的人物，都表示自己的靈感是「從天而降」呢？

實際上，古今中外那些被譽為「天才」的人士，無論他們來自科學、技術、學問、研究、藝術、音樂等何種領域，無論從事何種職業，詢問他們的創意點子或發想從何而來時，他們都會回答「是從某個地方降下的」、「就像是得到了天啟」，幾乎可以說無一例外。鮮少有人會說是自己「絞盡腦汁想到的」。

那麼，他們所說的「是從某個地方降下的」、「就像是得到了天啟」這幾句話，代表了什麼意思呢？

意思應該是指，他們經由無意識世界連接上零點場，再從場內提取創意點子或發想。也就是說，這些創意點子或發想，是古今中外的天才與賢人的「淵博知識」與「深遠智慧」，在零點場內錯綜連結後產生的。

換言之，我們可以認為，「天才」發揮的直覺力、創造力、發想力、想像力等能力，**其實不是他們的「大腦」產生的，而是他們的「大腦」連接上「零點場」後獲得的**。

當然，現階段這個看法同樣只是「假說」，不過這個看法若經過科學實證，應該能帶來根本性的典範轉移，幫助我們綻放自己的「才能」或「能力」吧。

這是因為，我們一般人與「天才」之間的差別，既非天生的大腦構造差異，亦非遺傳上的DNA差異，也不是先天的能力差異，而是連接「零點場」的能力不同，只要學習適當的「心靈技法」，就能夠後天擁有這項能力。

事實上，筆者就親身感受到，絕非天才也不是賢人的自己，多年來能夠持續撰寫各種主題的著作，這些直覺力、創造力、發想力與想像力即是源自這個零點場。

筆者在過去二十五年內，出版了一百多本著作，而且就如書末的著作目錄所示，主題範圍很廣，包括生命論典範、複雜科學、辯證法哲學、蓋婭思想、未來預測、資本主義、知識社會、資訊革命、經營與管理、策略思考、人生論、工作論、專家論、決策、企劃力、業務銷售力等等。

但是，坦白說，對於自己為什麼能寫出各種主題的著作，筆者也感到不可思議。不過，唯一可以說的是，撰寫這些著作時，**每一次都像是受到某種事物指引一般，各種點子或靈感從天**

而降，需要的資訊自動匯集過來，最後就誕生出一本書了。

因此，來到書架前，翻閱自己過去的著作時，筆者常常會感到納悶：「這是我自己寫的嗎……」

換言之，筆者覺得自己的著作，也是因為筆者的無意識連接上零點場後，寫作所需的各種資訊、知識與智慧皆以「直覺」的形式「從天而降」，筆者才能夠產出這些作品。

另外，拙著《直覺是可以鍛鍊的》即是根據筆者的這類經驗寫成，這本書談的是有助於連接上零點場獲得「直覺」的「心靈技法」。

為什麼人生當中存在著「運氣」？

如同前述，我們的無意識若是連接上零點場，就能接觸到記錄在場內的各種資訊、知識與智慧，因此筆者認為，只要學習與實踐有助於連接上零點場的「心靈技法」，我們就能提高自己的直覺力、創造力、發想力與想像力。

此外，如果這項假設是正確的，對於世人都有的另一個疑問，我們也能夠得到答案。

那個疑問就是：

為什麼人生當中存在著「運氣」？

也就是說，如果這項「零點場假說」是正確的，就可以理解我們平常感受到的**「好運」**以及**「運氣的強弱」**，都是我們的無意識連接上零點場後，吸引當時那個狀況下需要的資訊而引起的現象。

舉例來說，第四章介紹過，筆者參加大學入學考時「在考前憑著不可思議的直覺得知考題」，這個經驗也是吸引了當時那個狀況下最需要的資訊，就某個意義來說，這亦是招來了「好運」的經驗。

也就是說，所謂的「運氣」好壞，其實跟「與生俱來的運氣強弱」無關，而是取決於我們的無意識連接上零點場的能力，而這種能力同樣能藉由學習「心靈技法」後天養成。

不過，我們若想招來「好運」，這種時候就必須注重一件事。

那就是**心中抱持「正面意念」**。

這是因為，如同前述，我們的無意識在「吸引」零點場內的資訊時，會吸引「類似的資訊」。

因此，如果我們的心中，抱持著**強烈的恐懼**、**不安**、**悲傷**、**憤怒等「負面意念」**，就會吸引與之類似的「負面資訊」，最後招來「壞運」。

所以，古今中外的「運氣論」無一例外，全都認為要招來「好運」，關鍵就是**抱持希望**、**安心**、**喜悅**、**感謝等「正面意念」**。

舉例來說，回顧前述筆者參加大學入學考時的「不可思議的直覺經驗」，「考試當天生病」看起來的確是一件「倒楣」的事，但即使在此極限狀況下，筆者的內心仍堅信「只要有參加考試，就會發生奇蹟」，而這即是「終極的正面意念」。於是，這種「終極的正面意念」，就吸引了那個「不可思議的直覺」吧。

其實，筆者的人生當中，有過許多這種「招來好運」的經驗，而《運氣是可以鍛鍊的》這本著作，便是根據筆者的這類經驗，介紹可讓內心抱持「正面意念」、招來「好運」的「心靈技法」。

「死後的世界」、「前世的記憶」與「輪迴轉世」完全是迷信嗎？

如同前述，如果這項「零點場假說」是正確的，就可以說明「天才的創造力」、「吸引運氣的能力」等「意識的不可思議現象」，而「零點場」的性質若是可以從科學角度來釐清，那麼過去因為科學無法說明，而被視為「單純的巧合」、「只是錯覺」、「某種主觀認定」、「一種幻想」、「腦神經不正常運作」等的「意識的不可思議現象」，也就是：

「直覺」、**「心有靈犀」**
「預感」、**「預知」**、**「占卜應驗」**
「共時性」、**「聚合」**

……等現象的發生原因，也能以科學且合理的觀點進行說明。

此外，以下這些令人聯想到「死後世界」的現象，也能以科學且合理的觀點進行說明。

「瀕死經驗」、**「靈魂出竅」**、**「與故人再會」**

「靈媒」、**「與死者交流」**、**「背後靈」**

「轉世」、**「投胎」**、**「前世的記憶」**

看到筆者列出來的現象，你或許會覺得那都是怪力亂神，但其實正好相反。

上述這些「不可思議的現象或經驗」，自古就有相當多的案例，但因為無法以科學角度說明這些現象的發生原因，大多數人都是抱著半信半疑的態度，接受「陰間」、「天堂」、「靈界」等不知道其真貌的**「黑箱概念」**。

反觀這項「零點場假說」，則在一定的科學基礎上，嘗試說明這種看起來很神祕的「不可思議現象與經驗」的發生原因，故可避免陷入**「黑箱思維」**的陷阱，即無條件接受不知道真貌的概念，繼而停止思考。

不過，對於我們每個人內心深處**「對死亡的恐懼」**，與由此而生的**「希望死後有生」**、

「希望有死後的世界」這種願望，以及**「希望死後，『我』這個人格能夠保留下來」**這種期望，這項「零點場假說」也有可能從客觀的科學角度，提出不同於這些願望或期望的解釋。

關於這個解釋，筆者會在接下來的第八章詳細說明。

自古就有無數人相信的「神」或「佛」究竟是什麼？

也就是說，如果這項「零點場假說」是正確的，對於人類的「最大謎題」、人生的「最大疑問」——「死後會發生什麼事」、「真有死後的世界嗎」等疑問，我們就能得到一個解答吧。

此外，如果這項假說是正確的，對於人類在數千年的歷史中，長久以來所抱持的**「最崇高的問題」**，我們也可以得到解答吧。

那個問題就是：

「神」、「佛」、「天」究竟是什麼？

那是數千年的歷史當中，無數人「祈禱」的對象。
那是令無數人感覺到「自己受到保護」、「自己受到指引」、「自己的祈求被聽見了」的存在。

那是不斷授予無數人各種「神祕事件或經驗」的存在。

從本書的開頭讀到這裡，相信你應該發現答案了吧。

沒錯。

所謂的「神」、「佛」、「天」正是——

「零點場」。

也就是說，所謂的**「神」、「佛」、「天」，正是記錄了宇宙有史以來的「所有事件」，以及人類有史以來的「所有智慧」的這個「零點場」**。

這是因為，無數人覺得是「神祕事件或經驗」的「直覺」、「心有靈犀」、「預感」、「預知」、「占卜應驗」、「共時性」、「聚合」等不可思議的現象，都是因為這些人的無意識連接上「零點場」才會發生。

此外，若真是如此，自古以來世上各種宗教所實踐的**「祈禱」**、**「祈願」**、**「瑜伽」**、**「坐禪」**、**「冥想」**等各種技法，其實就是有助於連接上「零點場」的「心靈技法」。

為什麼「最先進的科學見解」與「最古老的宗教直觀」會一致呢？

如同前述，如果「零點場假說」是正確的，我們不僅能針對「死後會發生什麼事」、「真有死後的世界嗎」這些最神祕的問題，找出科學且合理的解答，也能針對「神、佛、天究竟是什麼」這個最崇高的問題找出解答。

話說回來，剛才提到**「零點場『記錄』了這個宇宙過去、現在、未來的所有事件與所有資訊」**。

如果這是真的，我們是否也能藉由連接零點場，得知這個宇宙「開始那一瞬間」的資訊呢？

思考這個問題時，我們會發現，「最先進的科學見解」與「最古老的宗教直觀」竟有著不可思議的一致。

如同前述，現代科學最先進的宇宙學認為，**這個宇宙誕生自一百三十八億年前的「量子真空」**，這個「量子真空」在某個時刻發生「漲落」，急速膨脹後誕生出暴脹宇宙，接著發生大霹靂創造出大霹靂宇宙，而大霹靂之後，**這個宇宙就充滿了「光子」**。

說到這裡便會發現，「科學」與「宗教」之間，有著不可思議的一致。

因為，佛教經典《般若心經》中提到的「色即是空，空即是色」，意思便是這個「世界（色）」，全誕生自「真空（空）」。

另外，基督宗教的**《舊約聖經》**中，講述上帝創造天地的〈創世紀〉第一章第三節寫著**「神說：『要有光。』」**，意思是上帝在創造這個世界時，最早誕生的東西是「光（光子）」。

這單純只是「偶然一致」嗎？

「最先進的科學見解」與「最古老的宗教直觀」之間的一致，是單純的巧合嗎？

可是，如果撰寫《般若心經》的佛教僧侶，與撰寫《舊約聖經》的猶太教神職人員，都是透過「祝告」或「祈禱」連接上「零點場」，那麼他們就有可能透過「宗教直觀」，接收到這個宇宙誕生瞬間的紀錄。

古代宗教早已提及的「零點場」

此外，如果「古代宗教」早在「最先進科學」發現之前，就直觀掌握到這個宇宙的真實樣貌，那麼不只「空即是色」與「要有光」這兩句話，還有兩個古代宗教教義也不能忘了提。

那就是前面提到的，**「佛教唯識思想」中的「阿賴耶識」思想，以及「古印度哲學」中的「虛空界」思想**。

這兩種思想的內容都與「零點場假說」極為相似，而佛教與印度哲學等古代宗教同樣都提到「有個地方記錄了這個宇宙的所有資訊」，這應該不是單純的巧合。

這項事實也令筆者不禁認為，很久以前，「宗教智慧」就已「直觀掌握」了這個宇宙的真實樣貌。

第八章

以零點場假說的觀點來看，「死後」會發生什麼事呢？

二十一世紀的最先進科學要解開的「死後世界」之謎

接下來，終於要進入本書的主題「死亡不存在」。

如同前面一再提到的，如果「零點場假說」是正確的，那麼發生在這個宇宙的所有事件與所有資訊全被「記錄」在這個場內。

這裡說的「所有事件」，就如同字面上的意思，是指「全部的一切」。

也就是說，這個宇宙誕生自量子真空的事件、銀河系在這個宇宙中形成的事件、太陽這顆恆星誕生在銀河系的事件、地球這顆行星誕生在太陽周圍的事件、生命誕生在這顆行星上的事件、生命演化後誕生出人類的事件、人類歷史中羅馬帝國興亡的事件、你誕生在日本這個國家的事件、你走過什麼樣的人生，以及在這段人生中，你有過什麼願望、有過什麼想法、有過什麼心情、有過什麼感受，這「一切」都記錄在「零點場」內。

假如真是這樣，與你的人生有關的「所有資訊」，便是每時每刻都被即時記錄在「零點場」內。不，不只是你，現在生活在這顆地球上的所有人，他們人生的「所有資訊」也是每時每刻都被即時記錄下來。此外，過去在這顆地球上誕生、生活、死去的所有人，他們人生的「所有資訊」也都會被記錄下來。

因此，如果接受這項「零點場假說」，那麼在人類數千年的歷史當中，那些與「死後的世界」有關的種種「神祕現象」，就能基於科學根據進行合理的說明。

為什麼小孩子會講出「前世的記憶」？

好比說，**「前世的記憶」或「轉世」、「投胎」這類現象。**

這種現象是指，大約兩歲到八歲已經懂事的孩子，突然宣稱自己是某個人「轉世投胎」。他們能具體描述這段「過去生」——也就是「前世」——的記憶，例如在哪裡出生、經歷了什麼樣的成長過程、過著什麼樣的生活、從事什麼樣的職業、有哪些家人，以及怎麼死的。而且，父母在聽了這些描述後，實際造訪孩子口中前世生活的地方進行調查，發現真的曾有人過著那樣的人生，而孩子不曾見過這個地方，但他們描述的城市風景竟與現實一致。

這種案例世界各地都有，而且多到數不清。美國維吉尼亞大學精神科教授伊恩・史蒂文森（Ian Stevenson）所寫的《記得前世的孩子們（Children Who Remember Previous Lives）》，以及他的接班人吉姆・塔克（Jim B. Tucker）教授所寫的《驚人的孩童前世記憶（Return to Life）》等等，都是從客觀角度整理這些案例的著名書籍。

此外，過去這種案例，往往被相信「轉世」或「投胎」的人當作「人死後會投胎成其他人」的明確證據，但若是從「零點場假說」的角度來看，這些孩子們應該是因為某個緣故，促使意識連接上零點場，然後說出記錄在零點場內的、過去某個人物的資訊吧。

也就是說，孩子們講述「前世的記憶」，未必就是證明真有「轉世」或「投胎」這回事。

實際上，這些孩子們長大後都不再提起所謂的「前世記憶」，從這項事實來看，認為孩子們說的是來自零點場的「某個人物的人生資訊」還比較合理。

為什麼能夠「與死者交流」呢？

另外，關於**「靈媒」**、**「與死者交流」**、**「背後靈」**等現象，這項「零點場假說」也可給出合理的解釋。

「靈媒」是指讓自己進入特殊的精神狀態，藉由這個方式請出已故的某個人，讓祂與遺族對話的人物。在日本，東北恐山的「盲巫女」就是其中一種著名的靈媒，此外世界各地也有具備優秀的通靈能力、能夠「與死者交流」的靈媒，例如從前有李奧諾菈・派珀（Leonora Piper）與艾琳・嘉芮特（Eileen J. Garrett），現代則有伊絲特・希克斯（Esther Hicks）與蘇菲亞・布朗（Sylvia Browne）等等。

實際上，擁有優秀能力的「靈媒」，不只能讓「請來的故人」講述生前的生活、工作、家人與朋友的事，還能回答家人的問題。而且，此時「靈媒」的口吻與動作等，也往往跟那位故人十分相像，因此相信真有「靈界」的人都認為，「靈媒」是「從靈界請來故人，讓祂與家人對話」，而這即是「靈界」真的存在的明確證據。

但是，「靈媒」以及「與死者交流」這兩件事，若從「零點場假說」的角度來看，所謂的「靈媒」應該是連接零點場的能力很強的人物，他們不是從「靈界」請來故人，而是從零點場接收有關那位故人的各種資訊，再當著遺族的面說出來。至於口吻與動作，也是「靈媒」根據零點場的資訊不自覺地模仿的吧。對話也一樣，只要從零點場接收到故人在世時的想法或心情，「靈媒」就有辦法臨機應變，回答遺族的問題。

若以「零點場假說」的觀點來看，所謂的「靈媒」以及「與死者交流」應該就是這麼回事。

世上所謂的「背後靈」也是一樣，「看得見」的人應該是從零點場接收到，變成背後靈的那位故人的各種資訊，然後再說給別人聽。

如同上述，「靈媒」、「與死者交流」、「背後靈」等神祕現象，只要站在「零點場假說」的立場，就可以進行合理的說明，因此這些現象，不能算是證明真有「天堂」或「靈界」的證據。

此外，許多瀕死經驗者講述的**「瀕死經驗」**、**「靈魂出竅」**、**「與故人再會」**等現象，也可用「零點場假說」進行合理的說明，不過這些現象具有更深一層的意義，稍後筆者會在第八章的後半段詳細說明。

我們的「意識的所有資訊」，在肉體死後仍會保留在零點場內

看完前面的說明，你或許會覺得筆者全面否定了「死後的世界」。

不過，這並非筆者的本意。

某個地方有著「天堂」或「靈界」，我們死後，「個人的意識」或「自我的意識」會繼續活在那裡——筆者認為這種思想，並未從科學角度去說明「天堂」或「靈界」是怎樣的地方，只是一種籠統的黑箱概念，在科學上缺乏可信度。

筆者要說的是，如果「零點場假說」是正確的，那麼當我們死亡後——

在我們的人生中發生的、所有「事件」的資訊
在我們的人生中獲得的、所有「經驗」的資訊
在我們的人生中獲得的、所有「人際關係」的資訊
我們在人生中體會到的、所有「情感」與「意念」的資訊
我們在人生中學習到的、所有「知識」與「智慧」的資訊

……以上這些「**意識的所有資訊**」，也都會被記錄在量子真空內的零點場。如果真是如此，在「生」與「死」的意思上，這件事具有什麼意義呢？

也就是說，當我們的「**肉體」死亡後，我們在人生中擁有的「意識的所有資訊」，仍會保留在零點場裡這件事，具有什麼意義呢**？

因此，接下來要談的就是，本書中最有意思的主題。如果我們在人生中擁有的「意識的所有資訊」，全都保留在零點場裡，對「亡者」而言這具有什麼意義呢？

換句話說，**如果「零點場假說」是正確的，那麼記錄在這個場內的「我們的意識資訊」，死後會變成什麼樣子呢**？

只會變成永遠「記錄」在那裡的「資訊」嗎？

筆者不這麼認為。

筆者所持的一項科學假說是這樣的：在我們迎接死亡、**肉體消滅之後，記錄在零點場內的「我們的意識資訊」，仍會與記錄在場內的「其他人的意識資訊」——也就是情感與意念、知識與智慧等——繼續相互作用，此外還會學習記錄在場內的「與這個宇宙有關的所有資訊」，並且持續變化**。

換句話說，筆者所持的假說是：**肉體死亡消滅後，「我們的意識資訊」不只會變成「永遠的紀錄」繼續保留在零點場內，而且還會繼續變化，也就是「繼續活下去」**。

為什麼筆者認為會發生這種事呢？

若用第五章所舉的「從湖面上吹過的風（現實世界）」與「湖面產生的水波（場）」這個比喻來說明，就是因為**即使湖面上的風停歇了，湖面的水波仍會繼續移動**。

零點場內存在著與「現實世界」完全相同的「深層世界」

筆者再從另一個角度，解釋得更淺顯易懂一點吧。

現在，請你再重新回顧一遍「零點場假說」。

這項假說認為，這個宇宙發生了以下的情況。

第一　誕生自「量子真空」的這個宇宙，其中的森羅萬象實際上並非「物質」，而是「波動」。

第二　因此，發生在這個宇宙的所有事件——包括我們的肉體與意識活動在內——全都是「波動」。

第三　此外，在這個現實世界裡產生的「波動」軌跡，同樣是以「波動」軌跡的型態，全被「記錄」在量子真空內的零點場。

那麼，這代表了什麼意思呢？

筆者就簡明扼要地說明一下。

其實，這項假說並非只單純表示：

「現實世界全被記錄了下來」。

若以「波動資訊」這一觀點來看這項假說，則意謂著：

零點場內存在著與「現實世界」完全相同的世界。

如果將這個世界稱為「深層世界」，意即「位在現實世界背面的世界」，那麼我們可以說：

零點場內存在著，與「現實世界」完全相同的「深層世界」。

不過，雖說這個零點場內的「深層世界」，每時每刻都在記錄「現實世界」發生的事件，卻有著不同於「現實世界」的以下三種特徵。

第一　零點場內不會發生能量衰減，故波動也不會衰減，所有的資訊都會永遠保留在「深層世界」裡。

第二　因此，「深層世界」裡，存在著「過去」到「現在」的所有資訊。不僅如此，如同第五章所述，那裡也存在著「未來」的資訊。

第三　此外，在零點場內，資訊傳遞是瞬間發生的事，因此「深層世界」非常容易發生「資訊間的相互作用」。

現實世界的「自己」死亡後，深層世界的「自己」仍會繼續活下去

而且，就像「現實世界」與「深層世界」之間的關係，若以「波動資訊」的觀點來看：

零點場內，**存在著與「現實世界的我」完全相同的「深層世界的我」**。

換句話說：

除了活在「現實世界」的「現實自己」外，
還存在著活在「深層世界」的「深層自己」。

也就是說，這個「深層自己」，擁有與「現實自己」完全一樣的「肉體資訊」與「意識資訊」，而且擁有的還是過去到現在的「所有資訊」。

這裡的最大問題就是，當這個**「現實世界」的「現實自己」迎接「死亡」後，零點場內會發生什麼事呢**？

換言之，**「深層世界」中的「深層自己」**會發生什麼事呢？

從結論來說，當**「現實自己」迎接死亡、消失之後，零點場內的「深層自己」仍會繼續存在**。

就算「現實自己」消失了，「深層自己」也不會跟著消失。不僅如此，「現實自己」消失後，「深層自己」反而會接觸零點場內的「各種資訊」，繼續存在、繼續變化、「繼續活下去」。就像「湖上的風」停歇後，「湖面的水波」仍會繼續變化那樣。

筆者是這麼認為的。

也就是說，**我們的意識在「現實世界」的「現實自己」迎接死亡後，就會將重心轉移到這**

個零點場內的「深層自己」。而且，意識會持續與零點場內既有的各種資訊，以及零點場內新記錄下來的各種資訊相互作用、繼續變化。

尤其，零點場內存在著過去到現在，在這世上誕生、死去的無數人的「意識資訊」，也就是這些人的情感與意念、知識與智慧等資訊，故當我們的意識重心轉移到「深層自己」後，就會跟這些情感與意念、知識與智慧互相接觸、相互作用，並且持續變化、學習與成長。

這是筆者對於「死後，我們的意識會變成什麼樣子」這個問題的看法。筆者認為，**肉體死亡後，我們的意識重心就會轉移到零點場內的「深層自己」，繼續活下去**。

看了以上的說明，你可能還是會覺得很難理解，因此這裡就再介紹一個有意思的例子。

雷蒙・庫茲威爾（Raymond Kurzweil）是美國的發明家與未來學家，亦是世界級的人工智慧研究權威，他在著作《奇異點迫近（The Singularity is Near）》中預測，將來人類能夠實現「**心靈上傳（Mind Uploading）**」，也就是將腦內資訊全移植給電腦裡的人工智慧，有了這項技術後，即使肉體迎接死亡，意識也能繼續活下去。

許多科學家、技術人員與知識分子都對庫茲威爾的這項見解很感興趣，男星強尼・戴普

（Johnny Depp）主演的科幻電影《全面進化（Transcendence）》，也是以這個「心靈上傳」為主題。

雖然筆者非常懷疑這項技術的可行性，不過「零點場假說」若是正確的，那麼庫茲威爾期待的情況，用不著等人工智慧技術發達，其實早就已經發生了。

也就是說，我們的「意識資訊」早已被記錄在零點場內，肉體死亡後，意識依然會在這個零點場內繼續變化、繼續成長、繼續活下去。

那麼，當肉體迎接死亡、意識重心轉移到零點場內後，我們的意識又會變得如何呢？

接著就來談談這個問題吧。

零點場內的「紀錄」，其實是零點場的「記憶」

不過，要進一步深入討論這個問題，必須先更改我們在談論零點場的性質時，所使用的一個詞彙。

那就是「記錄」一詞。

「記錄」一詞帶有「資訊一旦寫入某個媒體，之後絕對不會改變」的意思，不過如同剛才所述，「記錄」在零點場內的資訊會持續相互作用與變化。既然如此，這裡應該**使用「記憶」一詞，會比「記錄」來得恰當**。

實際上，「記錄」在我們記事本裡的資訊絕對不會產生變化，但「記憶」在我們大腦裡的資訊，會跟腦內的其他資訊相互作用、產生變化。

舉例來說，小時候雙親帶自己去海邊戲水的記憶，以及同一時期，自己跟親戚的孩子們一起去海邊戲水的記憶，會在大腦內相互作用、融為一體，變得難以區別。相信大家應該都有許多類似的經驗吧。

另外，閱讀某位作者的書所得到的知識，以及某位學者在電視上發表的言論於記憶中結合，在自己心中產生某個新點子，也是常有的經驗吧。

如此一想，零點場的性質不應寫成**「記錄」**所有事件資訊，應改為**「記憶」**所有事件資訊才對。

之前為了避免混亂、想簡單表達零點場的其中一種性質，筆者才會使用「記錄」一詞，接下來請容筆者改用帶有上述意涵、意思更為正確的「記憶」一詞來說明。

零點場並非「資訊儲藏庫」，應該稱為「宇宙意識」

此外，如果要瞭解零點場的性質，即資訊在內部相互作用、產生變化，並將「記錄」一詞改為「記憶」，我們還需要大幅度地「轉換觀點」，換言之就是「轉換主詞」。

也就是說，我們應該從**「資訊被記錄在零點場內」**這種中立觀點，改為**「零點場記憶了資訊」**這種以零點場為**「主體」**的觀點、以零點場為「主詞」的觀點。

這是因為，如果你瞭解前面說明過的零點場各種性質，就會明白零點場並非單純的**「資訊儲藏庫」**，而是「記憶」著發生在這個宇宙的所有事件與所有資訊的**「超越意識」**，如果要為它命名，這應該稱為**「宇宙意識」**，意即記憶了這個宇宙的一切之意識。

總之，談到零點場的性質時，必須變更以下的用詞：

將動詞從「記錄」改為「記憶」。

將主詞從「資訊儲藏庫」改為「宇宙意識」。

若要知道零點場的真實樣貌，以及瞭解死後我們的意識會怎麼樣，變更動詞與主詞是非常重要的。

只要你閱讀之後的說明，應該就能明白這是什麼意思了。

那麼，存在於零點場內的「深層世界」的「深層自己」，以及「現實世界」的「現實自己」有什麼不同？此外，這兩個自己之間有什麼樣的關係？

接著就來思考這兩個問題吧。

此時此刻，「現實自己」也持續與「深層自己」對話

前面談到，我們的意識在「現實世界」的「現實自己」迎接死亡後，就會將重心轉移到零點場內的「深層自己」，持續與存在於場內的各種資訊相互作用、產生變化。也就是說，死後，**我們的意識會將重心轉移到「深層自己」上，繼續活下去**。

不過，如同前述，在我們活著的期間，也就是「現實自己」活著的期間，這個「深層自己」也一直存在於零點場內，因此這**兩個自己，其實一直互相「交流」**，**有時還會「對話」**。

這是因為，「深層自己」將「現實自己」的所思所想全「記憶」下來，而「現實自己」則在無意識世界裡，傾聽「深層自己」的聲音。

不過，這兩個「自己」，各有不同的特徵。

首先是**「現實自己」**，其意識的中心有很強的**「自我意識（Ego）」**，往往認定「『自己』就是自我意識」。因此，「現實自己」的感受、思考、行動，經常受到這個「自我」產生的情感或衝動所左右。

此外，當「自我」活躍時，「現實自己」的「無意識」活動會受到抑制，故難以連接上「深層自己」的「無意識」。

反觀**「深層自己」**位在零點場內，故不太會受到「自我意識」的影響（原因稍後詳述）。因此，「深層自己」不會受「自我」產生的情感或衝動所擺布，能夠冷靜且明智地感受、思考事物。

另外，**「深層自己」的「無意識」**，能夠廣泛接觸存在於零點場內的無數資訊、知識與智慧，所以是「明智」的。此外，這個「無意識」能接觸場內各種人物的意識，因此會發展成**「超個人無意識」**，另外，它還能接觸過去、現在、未來的資訊，因此會發展成**「超時空無意識」**。

也就是說，跟「現實自己」的「無意識」相比，「深層自己」的「無意識」是更加「龐大的無意識」，是更加「明智的無意識」。

如同上述，「現實世界」與「深層世界」的兩個「自己」，亦即「現實自己」與「深層自己」，有著這種明確且極大的差異。

「超個人無意識與超時空無意識」，其實就是零點場內的「深層自己」

看完前面的說明，你應該能夠明白，多年來古今中外各種書籍所說的「無意識」是什麼了吧。

古今中外的各種書籍，常會強調傾聽「無意識的聲音」的重要性，或是借助「無意識的力量」的重要性，**其實這個「無意識」，正是指存在於零點場內的「深層自己」的「無意識」（也包括「超個人無意識」與「超時空無意識」）**。也就是說，傾聽「無意識的聲音」與借助「無意識的力量」，其實就是連接上零點場內「深層自己」的**「龐大且明智的無意識」**。

而「現實自己」的「無意識」，就扮演著**「意識的通道」**這一重要的角色，幫助我們連接上「深層自己」的「龐大且明智的無意識」。

但是，「現實自己」的自我意識影響力很大，經常抑制「無意識」的活動，因此除非停止自我意識的活動，否則無法連接上零點場內的「深層自己」。

古今中外的「無意識論」，之所以強調「祈禱」或「冥想」的重要性，原因就在於這一點。

之前，筆者曾在《直覺是可以鍛鍊的》與《運氣是可以鍛鍊的》等著作中提到，想提高「直覺力」與「運氣力」，關鍵在於連接零點場，不過正確來說，**關鍵應該是連接上零點場內的「深層自己」**。而且，筆者在這些著作中，也具體介紹了有助於連接上零點場內「深層自己」的「心靈技法」。

除此之外，筆者在這些著作中還談到，傾聽自己內心深處「另一個明智的自己」的聲音是很重要的，而這裡說的「另一個明智的自己」，其實就是「深層自己」。

還有，筆者在第六章介紹了**「意識的五個階層」**，並特別提到連接「無意識」、「超個人無意識」、「超時空無意識」世界的重要性，而這麼做正是連接**「深層自己」的「龐大且明智的無意識」**。

本章談到，我們的意識在「現實世界」的「現實自己」迎接死亡後，會將重心轉移到零點場內的「深層自己」，繼續與存在於場內的各種資訊相互作用、產生變化。也就是說，死後，我們的意識會將重心轉移到「深層自己」上，繼續活下去。

那麼，重心轉移到「深層自己」後，我們的意識接著會怎麼樣呢？

接下來的第九章，我們就進一步深入思考這個問題吧。

不過，為了避免之後的討論陷入混亂，這裡先整理一下用語的意思。

在這第八章中，為了幫助你瞭解「現實自己」與「深層自己」，筆者使用了「現實世界」

與「深層世界」這兩個名詞來作比較，不消說，**「深層世界」就是指「零點場」**，兩者是同義詞。

因此，接下來的討論，筆者就全都統一使用「零點場」這個名稱了。

第九章

我們的「自我」會在零點場內逐漸消失

死後，我們的「自我意識」會暫時保留在零點場內

第八章談到，當我們的「肉體」迎接死亡、「現實自己」消失之後，我們的「意識」會將重心轉移到零點場內的「深層自己」，繼續存在於零點場內，繼續產生變化，繼續「活下去」。

那麼，當「肉體」迎接死亡、「意識」重心轉移到「深層自己」後，我們的「意識」接下來會怎樣呢？

其實，**原本位於「現實自己」中心的「自我意識」，在轉移到「深層自己」後，仍會暫時發揮中心的作用**。

也就是說，當我們迎接「死亡」後，「現實自己」就會消失，我們的「意識」則會將重心轉移到零點場內的「深層自己」，而「深層自己」之中，當然有反映「現實自己」意識的「自我意識」。

因此，我們死後，仍會暫時透過「自我意識」繼續注視世界。

告訴我們這個真相的，是**「瀕死經驗」**的報告。

為什麼瀕死經驗中會發生「靈魂出竅」呢？

關於「瀕死經驗」，從雷蒙・穆迪（Raymond Moody）醫師的著名研究開始，世界各地皆有無數臨床案例，而這種經驗常會提及**「靈魂出竅」**的現象。

如同前述，靈魂出竅是指自己的「意識」，脫離躺在床上的自身「肉體」，從房間上方俯視自己與醫師或家人的經驗。此外也有報告指出，這時自己會對家人產生各種情緒。

其實，會有這樣的經驗，是因為**死後，我們的「自我意識」仍會暫時殘留在零點場，注視著現實世界**。

因此，世上的各種宗教，都有著在人死亡時進行的共通習俗。

舉例來說，日本有**「守靈」或「守夜」**的習俗，對於遺族或近親在故人的棺木旁守一整晚這件事十分重視。這正是因為，肉體死亡後，「自我意識」仍會從零點場看著自己的肉體或遺族的身影，所以遺族或近親才要待在棺木旁邊，不讓故人感到寂寞。近年來，大家都忘了這種習俗的真正意義，只知道肅穆地舉行儀式，其實這種宗教儀式原本是有這層含意的。

另外，日本還有**「頭七」與「尾七」**等法事儀式，遺族要在故人死後的一段期間內服喪。這同樣是因為脫離肉體、移往零點場的故人「自我意識」，對遺族或自己在現實世界的人生仍有留戀。世界各地的宗教皆有的**「服喪」**習俗，就是為了避免故人感到寂寞或不安，而在故人的「自我意識」進入下一個變化前陪伴及安撫祂。

當然，「自我意識」對自己的肉體、對現實世界有多留戀，取決於故人對自己的人生是感到滿足還是遺憾，此外也取決於故人是在家人的陪伴下幸福地臨終，還是死於意外事故、遭他人殺害、戰死等不幸吧。

因此，死後轉移到零點場的「自我意識」是否仍會繼續感到痛苦，當然跟人生過得如何、在什麼狀態下臨終有很大的關係。正因如此，被遺留下來的人，才會為故人舉行**「祭奠」**、**「慰靈」**、**「鎮魂」**等儀式。尤其是因戰爭或重大災害、重大事故等情況，痛苦地死去的人或死得很慘的人，我們都會請來許多遺族與近親，為祂們舉行這類儀式。因為我們希望透過這類儀式，讓故人的「自我意識」擺脫痛苦、得到慰藉、獲得安寧。

不過，不消說，這種宗教儀式的目的，是要撫慰故人的意識，因此儀式本身辦得鋪張盛大，或講究特定形式，其實並無多大的意義。

假如遺族並非誠心誠意地舉辦儀式，縱使辦得再盛大，故人的意識也不會得到救贖。反之，無論多小的儀式，只要遺族誠心誠意地舉辦，故人的意識就能獲得很大的慰藉。所以，因為經濟因素，無法為故人舉辦盛大葬禮的人，也不需要為此難過。

我們的「自我」，會在零點場內逐漸消失

那麼，當我們的「自我意識」轉移到零點場後，接下來會有什麼變化呢？

前面提到，自古以來我們都會舉辦宗教儀式，撫慰故人轉移到零點場的「自我意識」，但其實，就算因為種種緣故，無法舉辦這類祭奠、慰靈、鎮魂的儀式，或是遺族未舉辦葬禮，轉移到零點場的故人「自我意識」終究還是會得到救贖。祂們的「自我意識」一定會得到救贖。

看到筆者這麼說，你應該會很訝異，不過原因很明確。

因為，「自我」這個人生的痛苦根源會逐漸消失。

那麼，為什麼我們的意識轉移到零點場後，「自我」就會消失呢？

這是因為，「恐懼」與「不安」會煙消雲散。

我們內心的「自我」，本來就根源於這個現實世界裡我們生物的「生存本能」。害怕「死亡」、擔心「生存」受到威脅等這類恐懼與不安誕生出「自我」，而根源於「生存本能」的「自我」，又會在意識中持續發展，產生「鬥志」、「競爭心」、「自他分離」、「自他比較」、「尊重需求」、「自尊心」等意識。此外，「自我」還會透過**「失敗」**、**「挫折」**、**「孤獨」**、**「自卑感」**、**「渴望感」**、**「自我否定」**等，在我們的內心產生**「痛苦」**。

因此，如果「自我」從我們的心中消失，「心靈的痛苦」也會煙消雲散，可是**這種根源於「生存本能」的「自我」，在現實世界裡絕對不會消失**。

不過，一旦肉體迎接死亡，我們意識裡的**「自我」便能擺脫「對死亡的恐懼」與「對生存的不安」，而喪失存在意義後「自我」自然而然就會消失**。

在現實世界裡令我們那麼痛苦的「自我」，**以及就算要它消失也絕對不會消失的「自我」，在零點場內會自然而然消失**。於是，**「心靈的痛苦」也會自然而然煙消雲散**。

當然，我們死亡後，意識就會脫離肉體，因此也會擺脫「肉體的痛苦」，接著再經由這段過程，擺脫**「精神的苦悶」**。

那麼，**「自我」消失**，代表了什麼意思呢？

這代表**「我」消融了**。

因為，「自我」的本質，就是區分自己與他人、區分自己與世界，並且從中產生「我」這個意識。因此，「自我」消失，即意謂著「我」消失了。

什麼是「死亡」？什麼是「我」？

不過，正確來說，這個消失的「我」，是指田中太郎抑或鈴木花子等**「個人意識」的「我」**，就算這個小的**「自我意識」**消失了，也還有一個絕對不會消失的「我」，即**「真正的我」**。

那麼，什麼是「真正的我」呢？

這其實是個非常深奧的問題，也是本書的終極主題，相信看到本書的最後，你應該就能明白這個意思吧。為了讓你思考**「什麼是我」**這個問題，這裡就介紹一則筆者的小故事。

那是二〇〇六年，筆者出版《To the Summit》（《致開拓未來的你們》英文版）一書時，在美國舊金山的書店舉辦出版紀念演講會時發生的事。

筆者在這場演講中，闡述「帶著死亡的心理準備活下去」的重要性。演講結束後，便開放現場聽眾發問，這時一名坐在最前排、剛邁入老年的人物提出了一個簡短的問題。

「What is death?」（什麼是死亡呢？）

對於這個問題，筆者同樣簡短地這麼回答。

「To answer the question, we need to ask another question. What is I?」
（若要回答這個問題，則需要再問另一個問題。什麼是「我」？）

得到這個簡短的回答後，那位老人對筆者報以爽朗的微笑，然後說了一句話。

「Thank you.」

這位老人可能在舊金山禪修中心之類的地方修行過，他一下子就明白筆者這句簡短回答的意思。

總而言之，我們若想真正瞭解「死亡」，就必須深入探究迎接「死亡」的「我」是什麼。

而當我們發覺「真正的我」，並不是受到「自我」限制的這個「現實世界的我」或「個人意識的我」時，就能明白「『死亡』本來就不存在」的意思。

隨著「自我」消失，一切的「痛苦」也會煙消雲散

那麼，言歸正傳。

如同前述，我們死亡後，意識的重心就會轉移到零點場，接下來我們的「自我」會逐漸消失，「痛苦」也會隨之煙消雲散。

不過，即便如此，我們死亡後，意識仍會暫時經歷**「充滿痛苦的世界」**。

也就是從死亡的那一刻起，到「自我」消失為止的這段期間。

舉例來說，遭到殘忍殺害的人、含恨而死的人、臨終留下深刻遺憾的人等，這些人的意識從轉移到零點場至「自我」消失為止的這段期間，其「自我意識」會吸引零點場內的各種「負

面資訊」，因此儘管這段期間不長，那裡仍會產生「充滿痛苦的世界」。

但無論如何，這種「自我」過不了多久就會消失，因此「痛苦」也會煙消雲散。也就是說，產生不安與恐懼、煩惱與痛苦、悲傷與憤怒等這些負面意念的「自我」會消失，於是我們的意識就會前往「充滿幸福的世界」。

此外，「自我」消失、前往「幸福的世界」這段過程，佛教稱為「成佛」，至於這個「幸福的世界」則稱為「涅槃」。

換句話說，**「成佛」一詞即是指肉體死亡、我們的意識轉移到零點場後，「自我意識」逐漸消失的這段過程**。

零點場內不存在「地獄」

就這個意思而言，雖然使用的名稱各不相同，不過世上許多宗教都宣稱，死後我們前往的世界是個「充滿幸福的世界」，例如基督宗教的「天堂（Heaven）」、佛教的「極樂淨土」、伊斯蘭教的「天堂（Jannah）」等，從零點場的觀點來看也是有明確根據的。

不過，關於這些宗教所說的「地獄」、「奈落（那落迦）」、「火獄（Jahannam）」等「充滿痛苦的世界」，筆者則抱持疑問。

因為，多數宗教都把死後的世界，描述成「可怕的世界」或「痛苦的世界」，但從零點場的觀點來看卻沒什麼明確的根據。

原因在於，如同前述，我們的意識重心轉移到零點場後，造成「肉體痛苦」的肉體已不存在，而「自我」這個「恐懼」與「痛苦」的根源也會消失。

然而，世上的宗教卻把死後的世界，描述成「可怕的世界」或「痛苦的世界」，與其說這純粹是出於宗教因素，倒不如說從社會角度來看，宗教必須向人們提出為人處事的道德規範，所以才需要講述「生前沒做善事，死後就無法上天堂」、「生前做壞事，死後就會下地獄」這種故事。此外，當宗教與政治結合時，為了維持社會秩序，同樣也需要提出這類「戒律」。

換言之，「宗教」是被「政治」利用了，**本來「真正的宗教」，應該要帶給人希望與安心，而非利用恐懼與不安來使人行動**。因此，「真正的宗教」應該向人們宣揚「永遠的幸福」或「光明一元世界」，而且從前述零點場的根本性質來看，這麼說也是正確的。

說到帶給人希望與安心，其實日本佛教曹洞宗始祖道元曾說**「人心本無善惡」**，淨土真宗祖師親鸞則說過**「善人尚且往生，何況惡人」**。（譯註：淨土真宗認為，從阿彌陀佛的角度來看，世人皆為「惡人」，而「惡人」正是阿彌陀佛欲拯救的對象。）這是因為，佛教本來就是一種相信所有人都能獲得救贖的**「絕對肯定」**思想、**「光明一元」**思想。此外，佛教的最高經典之一《法華經》，也明確提到了同樣的思想。

「幽靈」與「地縛靈」現象究竟是什麼呢？

不過，看到筆者這麼說，你或許會產生疑問。

因為自古以來，歐洲就有**「古堡幽靈」**現象，日本則有**「地縛靈」**現象。據說這是某些過去的人物抱憾而死後，其怨念一直殘留在現場所引起的現象。那麼，我們要如何看待這種現象呢？

這表示有些死者的意識在轉移到零點場後，「自我」並未消失，仍懷著恨意繼續存在著嗎？

筆者不這麼認為。

其實，會發生所謂的「古堡幽靈」或「地縛靈」現象，是因為那些鬧鬼的城堡或地方，容易連接上記憶在零點場內的「該名死者的資訊」，而這些資訊會流入造訪現場之人的意識，使他們看見死者的幻影，或是產生幻聽，以為聽到死者的聲音。

也就是說這種現象，並不是因為死者的「自我」意識一直停留在現場所引起的。

換句話說，死者不會透過怨恨或詛咒等方式危害生者。

因為死者的意識轉移到零點場後，「自我」就會逐漸消失，不再能透過怨恨或詛咒等方式攻擊他人的意識。

那些據說是因為死者的亡靈攻擊生者，導致生者受害的案例，其實根本是生者的意識招來的結果。也就是說，「殺了人後，凶手又被亡靈所殺」這種傳說，實際上並不是「亡靈」殺死那個人，而是那個人的自責念頭導致精神錯亂，最後招致自己死亡。

為什麼筆者會這麼認為呢？

因為，**零點場擁有的「淨化力」，遠遠超出我們的想像**。

如同前述，在零點場內，我們的「自我」已感受不到「肉體」的痛苦，而且因為「肉體」消滅了，故也不會對「死亡」產生恐懼，如此一來痛苦、恐懼與不安等負面意念就會自然而然消失。

此外，在零點場內可以接觸到所有的資訊、知識與智慧，因此區分自己與他人、區分自己與世界的「界限」消失了，「糾葛」或「苦惱」也隨之煙消雲散。

筆者將這種現象稱為**「零點場的淨化力」，在這種「淨化力」的作用下，我們的「自我」失去存在意義，自然而然就消失了**。而且，零點場擁有的這種消除「痛苦的根源」——即「自我」——的力量非常強大，「自我」本身的「存續力」根本無法比擬。

因此，如果你的親人或愛人，未能帶著安詳幸福的心情往生，而是抱著遺憾、憤怒或怨恨離開人世，你也不需要擔心。

相信零點場的「淨化力」，已將那位親人或愛人的意識，淨化成既安詳又幸福的狀態。

為什麼世上的宗教都有「遺忘的故事」呢？

如同前述，肉體死亡後，我們的意識重心會轉移到零點場，之後意識中的「自我」會逐漸消失，「個人意識」的「我」也會隨之消失，於是我們的意識就擺脫「痛苦」了。

乍看之下會覺得這是好事，但其實對活在「現實世界」的我們而言，想像這件事時仍不免感到「恐懼」與「不安」。

這也是當然的吧。

對於靠著「自我」的活動，在這個嚴苛的「現實世界」中生存的我們這些活人而言，即便發生在死後、即便發生在意識的重心轉移到零點場以後，自己的「自我」消失就等於「我」消失，所以想像這件事時還是會感到「恐懼」與「不安」。

因此，各個宗教所講述的**「死後忘了一切的故事」**，就是在教導我們要對「我會消失」一事做好「心理準備」。

舉例來說，日本的佛教認為，人死後要「渡過三途川」，這時若喝了三途川的水，就會將生前的記憶忘得一乾二淨。

此外，希臘神話也提及同樣的思想，認為人死後要渡過遺忘河（Lethe），如果喝了河水，一樣會失去所有的記憶。

那麼，世上的宗教都有的這個「遺忘的故事」，到底有什麼含意呢？

在零點場內，我們的意識會忘了「我」，並知曉「一切」

若從表面解釋這個故事，或許會讓人以為喝下「遺忘水」後，我們就會忘了「一切」，頭腦與心靈都會變成「一片空白」，但其實並非如此。

請你回想一下前面的內容。零點場記憶著這個宇宙的所有事件與所有資訊。既然如此，轉移到零點場的意識，自然**不會忘記「所有的記憶」**，**反而還能接觸到「所有的記憶」**。

尤其「自我」消失之後，**區分「世界」與「我」的那堵堅固的「自我之牆」**就消失了，因此我們的意識可以接觸到所有資訊、知識與智慧。

也就是說，這個「遺忘河」的故事要表達的是，我們的意識轉移到零點場後，**以自我的「我」為主詞的記憶全都會消失**。

舉例來說：

「我是出生在哪個時代、哪個地方的誰？」
「我在什麼時候、在什麼地方、跟誰、做了什麼事？」
「我有什麼想法、有什麼心情、為了什麼而開心、為了什麼而痛苦？」

上述這些以「我（自我）」為主體的記憶，全都會消失。

但是，這並不代表頭腦與心靈都會變成「一片空白」。

因為，當我們的意識轉移到零點場後，不僅「自我意識」會逐漸消失，還會變得能夠接觸到這個宇宙的所有資訊、知識與智慧。

而且，上述以「我」為主詞的主觀資訊，也絕對不會全部消失。那些資訊會變成以「田中太郎」等名稱為主詞的客觀資訊，繼續保留在零點場內。

也就是說，**我們的意識會忘了「我」**，**並知曉「一切」**。

為什麼在瀕死經驗中會遇見「光的存在」，而且充滿「幸福」呢？

因此，有過瀕死經驗的人都異口同聲地說：**「在死後的世界裡，可以感覺到所有的智慧都流入自己的心中。」**此外，有過瀕死經驗的人也都會用擬人化的方式，形容當時的自己**「在死後的世界遇到光的存在」**，或是**「像神一樣的存在迎接自己」**。

另外，我們的意識轉移到零點場後，就再也不會受到「自我」的拘束、不會被「自我」感到的恐懼或不安影響，也不會感覺到「自我」產生的痛苦與悲傷，因此短暫經歷這種狀況的瀕死經驗者大多表示**「死後的世界，是充滿幸福的世界」**、**「真不想回到原本的現實世界」**。

如同上述，肉體死亡後，我們的意識重心會轉移到零點場內的「深層自己」，在這個場內，「自我意識」失去了存在理由。

於是，**「深層自己」中的「自我意識」就逐漸消失，至於「深層自己」中的「我們的意識」，則會變成「超越自我的意識」，也就是「超自我意識」**。

但是，假如死後，我們的意識會轉移到零點場，接下來「自我意識」會消失，我們的意識則會轉變成「超自我意識」的話，那麼我們會先想到一個問題：

已經去世的故人怎麼樣了呢？

下一章，我們就先來思考這個問題。

第十章

轉移到零點場的「我們的意識」會怎麼樣呢？

死後，我們能與「親人」再會嗎？

假如死後，我們的意識會轉移到零點場，接下來**「自我意識」**會消失，我們的意識則會轉變成**「超自我意識」**的話，那麼我們會先想到一個問題：

已經去世的故人怎麼樣了呢？
尤其是自己最親近的那位親人怎麼樣了呢？

你應該也有這個疑問吧？

因此，第十章就來思考大家都有的兩個疑問。

第一個是以下的疑問：

「死後，我們的意識轉移到零點場時，能在那裡與『故人』再會嗎？尤其是已經去世的『親人』，我們能夠與祂們再會嗎？」

這是許多人對「死後的世界」抱持的疑問吧。

原因在於，無論是誰，失去重要的「親人」後，都會產生強烈的喪失感與孤獨感，而經過這段悲傷與寂寞的時期後，便會期盼將來能與那位「親人」在「遙遠的世界」再會。

這種痛苦的經驗，筆者也有過。

那麼，我們死後，能在零點場與「親人」再會嗎？

對於這個疑問，許多有過瀕死經驗的人都宣稱自己當時「穿過一條光的隧道後，就來到了充滿幸福的世界。而且，早已去世、令人懷念的親人就在那裡等著自己」。

那麼，死後，我們的意識轉移到零點場時，真的能與零點場內的「親人」意識再會嗎？

這要看我們如何定義「再會」這個詞。

在某個意義上，我們能夠與親人「再會」。

不過，這是指在零點場內的「再會」，跟現實世界裡的「再會」不同。

也就是說，我們在零點場見到的是，「自我意識」消失、化為「超自我意識」的親人。因此，這位親人並非從前在現實世界裡接觸到的那位有著明確的自我、會表現喜怒哀樂、對自己有著親情與糾葛的親人。此時的親人處於早已超越這些事物的意識狀態，可以說是「超自我意識」的親人。關於這種意識狀態具備的深刻意義，筆者會在之後的第十一章說明。

不過，在零點場內「再會」的親人，就某個意義來說，是與生前印象一致的親人，祂的外貌、表情、口吻、動作等個人特質都與生前一樣。但是，這其實是我們的意識創造出來的親人。

也就是說，我們死後，意識重心會轉移到零點場內的「深層自己」，而這個「深層自己」仍保留著很強的「自我意識」。因此，我們的意識在死後不久，會非常自然地想與已經去世的親人見面。

於是，這個意念吸引了零點場所記憶的親人「各種資訊」（外貌、表情、口吻、動作、情感、意念、知識、智慧等），在那裡創造出懷念的「親人影像」。此外，我們的意識也會與這個「親人影像」進行「對話」。

但是，這同樣跟現實世界裡的「再會」不同。

在零點場內，我們的「自我意識」會吸引場內親人的「各種資訊」，然後與創造出來的「親人影像」「再會」及「對話」。

不過，若以零點場為「主體」來看這件事，其實也可以置換成以下的說法。

零點場感受到我們「自我意識」的願望，因此匯集場內關於親人的「各種資訊」（外貌、表情、口吻、動作、情感、意念、知識、智慧等），再將之化為「人格影像」顯現出來。

那麼，為什麼筆者要在這裡提到，以零點場為「主體」的觀點呢？

這是因為，如同第八章所述，**零點場並非只是「資訊儲藏庫」，應該稱為「宇宙意識」**。

而且，**零點場內的親人意識已轉變成「超自我意識」，就某個意思來說，祂們已與這個「宇宙意識」合而為一了。**

看到筆者這麼說，你或許會很訝異。為什麼會發生這種現象呢?筆者會在接下來的第十一章詳細說明原因。

此外，說到零點場（宇宙意識）感受到我們「自我意識」的願望，將之化為「人格影像」顯現出來，筆者便想起一部小說。

透過我們的意識創造「人格影像」的零點場

那就是由波蘭科幻作家史坦尼斯勞・萊姆（Stanis aw Lem）所撰寫的小說《索拉力星（Solaris）》。

萊姆被譽為二十世紀最棒的科幻作家之一，他的這部小說更是兩度搬上大螢幕的經典名作，其中蘇聯版電影由安德烈・塔可夫斯基（Andrei Tarkovsky）導演執導，美國版電影則由史蒂芬・索德柏（Steven Soderbergh）導演執導。小說的主題十分深奧，簡直就是在隱喻

「零點場」與「我們的意識」之間的關係。

這部小說的故事，是依照以下的設定揭開序幕。

未來，人類在宇宙的另一邊，發現一顆名為「索拉力」的行星。

這顆行星上的「海洋」具有神奇的力量，它會感應為了研究而接近這顆星球的人物「內心」，將其內心的人物印象「化為現實」，顯現在眼前。

於是，為了探索這顆索拉力星的謎團而來到太空站的主角——心理學家克力・凱文（**Kris Kelvin**），便與幾年前去世的妻子哈瑞（**Harey**）神奇地「再會」了。

這則講述深奧主題的故事就從這裡開始，不過先不談故事接下來的發展，筆者認為「索拉力海」的概念，與「零點場」的概念相似。

也就是說，零點場就像「索拉力海」那樣，會感應我們「自我意識」的願望，匯集場內的親人資訊（外貌、表情、口吻、動作、情感、意念、知識、智慧等），在那裡創造出**「人格影像」**。

如同上述，死後，我們能夠在零點場內，與懷念的親人「再會」。不過，這並不表示那位親人仍擁有「自我意識」，在零點場內與我們的「自我意識」再會。

與我們在零點場內「再會」的，確實是具有生前的外貌、表情、口吻、動作等個人特質的「親人」，但這個「人格影像」的背後，是「自我意識」早已消失的親人意識，也就是**轉變為「超自我意識」的親人意識**。

那麼，「超自我意識」是什麼樣的意識呢？

顧名思義，這是不區分自己與他人、不區分自己與世界的**「自他一體」**意識，是自古稱為**「愛一元」**的意識。

那麼，「愛一元」是什麼樣的意識狀態呢？

「愛一元」是什麼樣的意識狀態呢？

如同字面上的意思，這是一種「只有愛」的意識，不過希望你不要誤解。

這裡的意思，並不是將世界分成「愛」與「憎」，然後只取其中的「愛」。

這個「一元」並不是指這種**「二元對立」**、**「二元論」**的其中一元。

這其實是一種超越真假、善惡、美醜、愛憎、好惡、幸運與不幸、好運與壞運這種「二元對立」與「二元論」的意識，也就是**「全即是一」**、**「全一性」**的意識。

此外，**世上所有宗教所談的「愛」，其真正的意思就是這個「全一性」，亦即「全即是一」**。

關於這點，英國作家阿道斯．赫胥黎（Aldous Huxley）在其經典名著《長青哲學（The Perennial Philosophy）》中，仔細調查基督宗教、佛教、伊斯蘭教、印度教等世上各式各樣的宗教，結果發現所有的宗教，其教義的根底最終都是在講述「Oneness（合一）」。

另外，從前是**「超個人心理學」**的代表思想家，近幾年因提出**「整合理論（Integral Theory）」**而受到全球矚目的肯恩．威爾伯（Ken Wilber），也在其著作《事事本無礙（No Boundary）》中談到，我們的「自我意識」在世界裡設下各種「界限」，而這個「界限」產生了自己與他人、同伴與敵人、真與假、善與惡、美與醜、愛與憎等「對立」，從而產生出各種「糾葛」與「痛苦」。此外，當「自我意識」與這個「界限」消失時，「糾葛」與「痛苦」也會消失，那裡便會出現「充滿幸福的世界」、「愛一元的世界」。

「愛一元」就是這樣的意思。在這層意思上，當我們的「自我意識」轉變成「超自我意識」後，就會逐漸變成「愛一元」意識。

此外，已經去世的親人，同樣會維持生前的外貌與個人特質，以變成「愛一元」的意識來跟我們「再會」。

這就是為什麼有過瀕死經驗的人全都表示，當時自己與「親人」的再會是一場**「充滿了愛的再會」**。

為什麼只要「祈禱」，故人就會指引我們呢？

關於「已經去世的故人」，除了前述的疑問外，浮現在我們心裡的第二個疑問是什麼呢？

應該就是以下的疑問吧。

「故人或親人轉移到零點場後，會指引或保護現實世界的我們嗎？」

就筆者自己的經驗，個人認為這個疑問的答案是「會的」。

舉例來說，第四章曾介紹過，筆者在找週末入住的出租別墅時，於森林裡聽到了某個聲音，之後走進眼前的咖啡廳，因緣際會找到了出租別墅的經驗，其實當時聽到的聲音，是筆者父母的聲音。

除此之外，筆者還有許多面臨人生岔路時，感覺自己受到已故的雙親指引、保護的經驗。說不定你也有這樣的經驗。

那麼，為什麼會發生這種讓人覺得是「受到已經去世的親人指引」、「受到已成故人的親人保護」的經驗呢？

並不是因為，零點場內存在著具有「自我意識」的親人，也不是因為，親人的「自我意識」想要「指引」、「保護」我們。

其實是因為，我們內心深處的無意識世界，有著「想請已去世的親人指引自己」、「想請已成故人的親人保護自己」的意念，而這種意念，會透過存在於零點場的親人的「超自我意識」，吸引「需要的資訊」與「好的資訊」。

這裡的重點是，存有**「想請親人指引、保護自己」的意念，以及「透過親人的超自我意識」**。

原因在於，我們本來是透過無意識世界連接零點場，從那裡取得各種資訊，但表面意識世界若存有很強烈的「想要那種資訊」、「想得到這種資訊」這種「自我」的意念，這樣反而會妨礙我們連接上零點場。

反觀「想請已去世的親人指引自己」、「想請已成故人的親人保護自己」的意念，是結合了親情與思慕的正面意念，而非強烈表現「自我」的意念，因此我們的無意識容易連接上零點場。

此外，如同前述，「超自我意識」不會豎立「自我之牆」，故容易接觸零點場內的各種資訊。因此，親人的「超自我意識」容易回應我們的願望，吸引「需要的資訊」與「好的資訊」。筆者之所以說，我們的無意識連接上「親人的超自我意識」具有重要的意義，就是出於這個緣故。

就是因為抱持這種看法，筆者見到失去父母的遺族時，一定會告訴他們「令尊會從天界指引你喔」，或是「令堂會從天界守護你喔」。

這麼說並不是要安慰對方。而是因為，如果遺族真的深信「雙親會從天界指引、守護自己」，這個意念就真的會透過雙親的「超自我意識」，從「天界（零點場）」吸引「需要的資訊」與「好的資訊」。

此外，筆者有時會建議遺族，要養成天天惦記著去世的親人，向祂們祈求「請指引我」、「請守護我」的習慣。

這是因為，**「祈禱」是連接零點場的最佳方法**，只要我們在虔誠祈禱時，向親人提出「問題」，請祂給予「指引」，往往能夠聽到某種「回答」。

這絕對不是我們「想太多」，如果我們處於深沉的「寧靜意識」當中，就會在有需要的時候聽見某個「聲音」，實在很不可思議。

不過，看到筆者這麼說，你或許會感到遲疑。

畢竟人生在世，有時會發生我們因為曾與親人不和，之後便帶著心裡的疙瘩給親人養老送終；或者是跟親人反目多年，內心一直未與對方和解，那位親人就過世了。

不過，即便你與親人之間有過這類疙瘩或反目，也絕對不需要遲疑。

因為，這些疙瘩與反目早已煙消雲散了。

故人並無「審判」之心，只是靜靜地注視著我們

請你再回想一次前面的內容。

去世之後轉移到零點場的親人意識，已經不是受到「自我」拘束的「自我意識」。那是去世之後，經過一段時間的沉澱，「自我」已經消失的「超自我意識」。

也就是說，存在於零點場內的親人意識，並非「受自我拘束、被喜怒哀樂擺布的自我意識」，早已是「擺脫自我、轉為『愛一元』的超自我意識」。

因此，已經去世的親人從零點場注視我們的眼神（如果有這種東西的話……），並不是基於**「自我的情感」**或**「是非善惡的意念」**來審判我們的眼神。

那應該是包容一切，靜靜地注視我們的眼神吧。

告訴我們這件事的是，留下名著《大和古寺風物誌》的文藝評論家龜井勝一郎。

他曾在某本著作中提到，**佛的慈悲，即是靜靜地注視我們、看透一切的眼神**。

的確，看著廣隆寺的彌勒菩薩像這類佛像時，會感覺到完全不審判我們的惡、罪與過，只是靜靜地注視我們的、透明的眼神。

而且，感受到這種眼神時，不知為何，我們會覺得自己獲得很大的救贖。

因此，將來我們迎接死亡時，意識重心同樣會轉移到零點場，而「自我」殘留一段時間後便會消失，我們的意識也會轉變成這種「超自我意識」。

然後，轉變成「超自我意識」的我們，則完全不具有「審判」的意識，而是以「愛一元」的眼神注視這個世界、注視遺留下來的人們吧。

第十一章

死後，「我們的意識」會無止境地擴大

持續成長、持續擴大、超越時空的「死後意識」

那麼，死後，我們的意識變成「超自我意識」之後，這個「超自我意識」接著會前往哪裡呢？

首先，這個「超自我意識」會在接觸零點場內的各種資訊、知識與智慧的同時，持續變化、持續成長、持續擴大。

這是因為，「超自我意識」沒有「自我之牆」，能夠連接上存在於零點場內的、這個宇宙的所有事件與所有資訊。

不過，話雖如此，「超自我意識」**並非「一舉」連接上這個宇宙的所有事件與所有資訊**。

「超自我意識」會先從零點場內龐大資訊中的「切身領域的資訊」開始，將連接對象擴大到「廣泛領域的資訊」。因此，「超自我意識」會先吸引、連接「人們的意識」（思維、意念、知識、智慧等）的資訊，這時一樣是從接近自己的那些人物資訊開始連接，然後逐漸將連接對象擴大到廣泛領域的人物資訊。

因此，這個「超自我意識」，起初是從家人意識的領域開始，逐漸擴大到社區意識與國家意識的領域，然後總有一天會擴大到全體人類的意識，也就是所謂的**「人類意識」**。

看到筆者這麼說，你或許會很驚訝。其實，我們的「意識」——包括「現實世界」裡的「表面意識」在內——具有**「會逐漸擴大意識領域」**這種很自然的性質。

舉個淺顯易懂的例子。剛進入某公司的新員工，他的意識起初侷限在「我」這個狹小領域。但是，如果這位員工的意識自然地成長，其意識領域就會逐漸擴大，先是擴大到「我們團隊」，接著擴大到「我們部門」、「我們公司」，再擴大到「我們業界」、「我們產業」，然後總有一天會擴大到「我們國家」以及「世界」這樣廣大的領域。

同樣的，零點場內的「超自我意識」也具有「意識」的自然性質，其領域會逐漸擴大，總有一天會擴大到所謂的「人類意識」。

不過，「意識」具備的這種「逐漸擴大領域」的性質，終點並不是「人類意識」。稍後筆者會再詳細說明這是什麼意思。

如同上述，「超自我意識」在零點場內，會先將領域擴大至「人類意識」，不過在「現實世界」裡，我們的「無意識」其實早已連接上所謂的「人類意識」。

告訴我們這件事的，便是前述的瑞士心理學家：卡爾・古斯塔夫・榮格（Carl Gustav Jung），他在**「榮格心理學」**中提出了**「集體無意識」**這一概念。

簡單來說，這個概念就是認為，有個**「人類共通的無意識世界」**，將所有人的無意識世界連接起來。

另外，近幾年受到矚目，理論亦有所發展的**「超個人心理學」**，也談到了「超個人」——即**「超越個人的無意識世界」**——的存在。

也就是說，榮格心理學與超個人心理學，兩者都在探討本書介紹的「超自我意識」世界，並表示活在「現實世界」的期間，我們早已連接上所謂的「人類意識」世界。

真是這樣的話，死後我們的意識會連接上許多人的意識，並且逐漸擴大領域，總有一天會擴大到所謂的「人類意識」，而這也是非常自然的事。

但是，「超自我意識」的擴大，並不是以「人類意識」為終點。

在零點場內，我們的意識會超越「人類意識」，繼續擴大。

換句話說，「超自我意識」也會接觸，自四十六億年前地球誕生之後，出生、生活、死亡在這顆行星上的**「所有生命的意識」**，因此抵達「人類意識」後，接下來會擴大到所謂的**「地球意識」**。

前面提到了「所有生命的意識」，你看了或許會很驚訝，但其實近年來在「現實世界」裡，將包括「人類的意識」在內的「所有生命的意識」納入視野的思想，也以各種形式發展擴散。

連「地球」也包含在內、繼續擴大的「死後意識」

例如，傳統的「以人類為中心的生態學思想」，很早之前就深化為**「囊括所有生命的深層**

生態學思想」。

「深層生態學」是挪威哲學家阿恩・內斯（Arne Næss）提出的思想，立基於**「所有的生命，都具有跟人類同等的價值」**這一觀點。

而關注動物們的痛苦與福祉的**「動物福利（Animal Welfare）」**，則是在露絲・哈里森（Ruth Harrison）的著作《動物機器（Animal Machines）》啟發下散播到世界各地的思想。

如同上述，在「現實世界」裡，關注包括「人類的意識」在內「所有生命的意識」之思想，早已深深地、靜靜地傳播開來，因此在零點場內，我們的意識不只會擴大到「人類意識」，也會自然地擴大到包括「所有生命意識」的意識形態，即所謂的「地球意識」。

不過，看到以下的說明，你或許會更加驚訝。

死後，我們的意識會變成「超自我意識」，並且會超越「人類意識」，擴大到所謂的「地球意識」。而且，雖然一開始只包含地球上的**「所有生命的意識」**，不過最終會擴大到囊括地球上的**「所有存在的意識」**。

看到**「地球上所有存在的意識」**這句話，你或許會感到意外，但其實這種思想，同樣早已在「現實世界」傳播開來。

例如，英國行星科學家詹姆士．洛夫洛克（James Lovelock），就在其著作《蓋婭，大地之母：地球是活的！（Gaia：A New Look at Life on Earth）》中提出**「蓋婭理論」**。

這項理論誕生自他參與NASA火星探索計畫時獲得的科學見聞，而這項認為地球本身是一個「巨大生命體」的理論，後來對關心地球環境問題且致力於解決問題的人們影響甚鉅。

當然，對於認為**「地球本身是一個巨大生命體」**的「蓋婭理論」，部分科學界也以**「傳統的生命定義」**之觀點提出否定意見。

不過，「蓋婭理論」其實談論的是，**「什麼是生命」**、**「什麼是活著」**這類根本的典範轉移，提出**「嶄新的生命定義」**。

筆者也在拙著《蓋婭思想》中談到這一點。我們應該要明白，現代科學正面臨應從根本重新檢視「生命」與「活著」之定義的時代。

稍後筆者會再說明「重新檢視定義」的意思，總之如果洛夫洛克提出的「蓋婭理論」是正確的，亦即「地球」若是一個「巨大的生命體」，那麼我們就可以認為它其實擁有「意識」。

這是為什麼呢？

為什麼「地球」也會萌生「意識」呢?

最直白地闡述了這個問題的人，其實是美國的人類學家葛雷格里・貝特森（Gregory Bateson）。

著有《朝向心靈生態學（Steps to an Ecology of Mind）》的貝特森，是一位在各個領域留下饒富洞見的著作與言論的「知識巨人」，他曾在某部著作中提到：

「複雜的東西都有生命。」

「心靈是活著的證明。」

這兩句話，其實正指出了第二章介紹的、現代的最先進科學「複雜科學」所研究的**「複雜系統（Complex Systems）」**本質。

「複雜的東西都有生命」這句話，用複雜科學的專業術語來說就是：

提高系統內部的相互關聯性後（系統變得複雜後），

就會產生自我組織或創發等性質（就會出現生命性質）。

也就是說，貝特森那兩句話的意思是：即便是「地球」這種巨大的系統，當內部的水、空氣、土壤、海洋、大氣、大地、微生物、植物、動物、生命、生物種、生態系交織在一起而複雜化後，**整個系統就會出現「生命」的性質，而像這樣萌生出「生命」的系統，自然也會萌生出所謂的「意識」**。

因此，倘若真如洛夫洛克所言，「地球」是一個「巨大的生命體」，那麼就像貝特森所說的，這顆「地球」本身也會萌生「意識」，從「複雜科學」的觀點來看，這絕對不是荒唐無稽的想法。

看完前面的說明後，相信你應該能夠明白，零點場的「地球意識」，是跟這顆地球上**「所有生命的意識」**與**「所有存在的意識」**，以及**「地球本身的意識」**緊密連接的意識狀態。

不過，這種談論「地球意識」的思想，其實自古以來就以各種形式出現在人類的各種「宗教思想」當中。

例如，日本的「佛教」思想提到**「山川草木國土悉有佛性」**，即是認為不只草木，就連山川與這片大地都具有「佛性」。

換句話說，「佛教」認為就連「風」都有「佛性」，而這種認為生命以外的「所有存在」也具有「佛性」的思想，就某個意思來說，正是認為一切都有「心靈」、都有「意識」的思想。

另外，被視為人類最古老宗教形態的「泛靈論（自然崇拜）」，則是認為大自然本身原本就存有「神靈」的思想，就某個意義而言，這同樣可說是一種認為「大自然」——即「地球」本身——具有「意識」的思想。

在日本，泛靈論經過高度淬鍊，成了號稱有「八百萬神明」的「神道教」。

那麼，不同於這種「泛靈論」與「多神教」、屬於「一神教」的基督宗教世界，又有什麼樣的看法呢？

其實，基督宗教世界也有談論，可稱為「人類意識」或「地球意識」的思想。

舉例來說，法國天主教神父德日進（Pierre Teilhard de Chardin）就曾提及這種思想。

他是一位成就非凡的古生物學家與地質學家，曾在歷史性著作《人的現象（Le Phénomène Humain）》中談到「宇宙壯闊的演化論」。

他在這本著作中所談的、宇宙壯闊的演化過程如下。

首先，宇宙創造出這顆地球，而地球上產生了「生物圈（Biosphere）」，這是演化的第一階段。在這個「生物圈」裡，生物展開演化，誕生出具備高等智能的「人類」。

接著，宇宙邁入演化的第二階段：地球上產生了**「智慧圈（Noosphere）」**，人類的智能與意識往更高的層次演化。現階段，人類正在這個「智慧圈」裡，於智能與意識的演化之路上前進。

據說德日進嘗試透過這種「智慧圈」思想，整合基督宗教世界觀與科學世界觀，其實這個「智慧圈」講的同樣是「人類意識」，故這種思想可說是通往「地球意識」的入口。

此外，在基督宗教世界裡，跟德日進一樣被視為「異端」、提出**「泛神論」**的哲學家巴魯赫・史賓諾沙（Baruch Spinoza），其哲學「神即自然」同樣認為「大自然」的一切都存有神靈，就某個意思來說，這正是「一切的存在都有意識」的思想。

如同上述，在我們目前生活的「現實世界」裡，存在著各種談論「人類意識」與「地球意識」的思想，這些思想如今也影響著我們的意識與無意識，並且靜靜地傳播開來。

既然如此，死後我們的意識轉移到零點場，接著轉變成「超自我意識」，再成長、擴大為所謂的「人類意識」或「地球意識」，應該也是非常自然的事吧。

最後擴大至「整個宇宙」的「死後意識」

那麼，當我們的意識擴大為「地球意識」後，接下來會前往哪裡呢？

答案就是：進一步擴大成終極的意識──「宇宙意識」。

也就是說，當我們的意識在零點場內擴大成「地球意識」後，就能夠接觸自這個宇宙誕生以來一百三十八億年的所有資訊，因此之後又會繼續擴大，最終擴大到以宇宙觀點注視一切的意識，也就是「宇宙意識」，並與這個「宇宙意識」合而為一。

「宇宙意識」這個名詞，在興起於一九七〇年代的「新時代思想」中，跟「地球意識」一樣都是常用的詞彙，此外各種「靈性思想」也很愛用這個名詞。

但遺憾的是，這類思想在使用「宇宙意識」一詞時，大多將它當作一種「象徵」，至於**「宇宙意識」是如何誕生、是什麼樣的東西，則並未明確說明**。

那麼，「宇宙意識」是什麼樣的意識呢？

其實，到了這個領域後，純粹只以科學觀點或用「科學想像力」來討論是有極限的。硬要說的話，頂多只能用**「與這個宇宙的一切合而為一的意識」**這種抽象的說法來解釋。

因此，為了幫助你想像，對活在現實世界的人而言非常難以想像的「宇宙意識」，介紹源自**「文學想像力」**的概念，應該會比源自**「科學想像力」**的概念更有用吧。

其中一部有助於我們想像的文學作品，就是非常有名的科幻文學——亞瑟・C・克拉克（Arthur C. Clarke）的《二〇〇一：太空漫遊（2001: A Space Odyssey）》。

這部科幻小說，也曾由巨匠史丹利・庫柏力克（Stanley Kubrick）導演拍攝同名電影，該電影同樣是一部不朽的名作。故事講述前往太陽系行星的發現號太空船上，發生了人工智慧哈兒（HAL）造反、太空人遭到殺害等各種事件。而故事的高潮，就是接觸到神祕物體「黑石板（Monolith）」的主角——太空人大衛・鮑曼（David Bowman），最後與類似「宇宙意識」的存在合而為一的場景。

在小說所描寫的這個最後場景中，鮑曼成了「星童（Star Child）」，在太空中靜靜地注視地球。

至於電影的這一幕，則將「星童」描寫成「胎兒」的模樣。這部小說與電影作品，告訴了我們兩個關於「宇宙意識」的重要「想像」。

尚處於「童年」階段的「宇宙意識」

第一個想像是：如果真有「宇宙意識」，那麼這個意識，應該只是**靜靜地注視、眺望這個宇宙的一切**。

第二個想像是：**「宇宙意識」是「胎兒」的模樣**。

「『宇宙意識』是胎兒模樣」這個隱喻是在暗示，假如宇宙真有意識，那麼用人類來比喻的話，這個意識應該尚處於「胎兒」或「幼兒」階段。

的確如此吧。雖然誕生之後已過了一百三十八億年，不過宇宙的歷史才剛開始而已。包括

「宇宙意識」本身在內，無人知道這個宇宙接下來會發生什麼事、目標是什麼。

原因在於，這個宇宙花費了百億年、千億年的龐大歲月所經過的進程，並非「前定和諧」的進程。也就是說，這並不是一段已事先決定好「某個劇本」或「某個目的」的旅行。

不過，前面介紹過的德日進，在講述宇宙與人類演化的著作《人的現象》中表示，「所有的演化，都是向『奧米加點（Omega Point）』收斂」，就某個意思而言這算是「前定和諧」的思想。（譯註：「奧米加點」意為演化的終點。）

但是，筆者並不採納這種思想。

原因在於，**我們的「自我意識」必定會偏向這種「前定和諧」的思想**。

這是因為，我們的「自我意識」忍受不了**「未來尚未決定」**的思想；忍受不了這種「存在焦慮（Existential Anxiety）」。

因此，任何思想或宗教必定都會宣稱，最後會是個**「大團圓結局」或「美好結局」，而人們抗拒不了這個誘惑**。就連談論那種先進思想的德日進也不例外。

那麼，筆者又是抱持著什麼樣的思想呢？

自我組織的「宇宙」創造程序

筆者認為，這個宇宙是個持續進行**「漫無目的之旅」**的存在。

看到筆者使用「漫無目的」這個字眼，你或許會感到疑惑。如果反過來說這趟旅行是「有目的」的，馬上就會產生「那麼，這個目的是誰訂立的」這個問題，而這個當下，我們就會開始想像這個宇宙的「創造者」，並假設出一個層級更高的存在。

可是，只要採用這種思考法，我們就會永無止境地想像下去。

也就是說，當我們假設出這個「創造者」後，接著就會討論創造出這個「創造者」的「超創造者」，然後又會討論創造出這個「超創造者」的「超超創造者」，陷入永無止境的思考過程。要不然，就是會在某個階段「停止思考」，認為「這就是終極的創造者，這就是神」。

那麼，前述的「這個宇宙持續進行『漫無目的的旅行』」，究竟是什麼意思呢？

若以科學用語來說明，這句話的意思就是：**「這個宇宙持續進行自我組織」**。

「自我組織（Self-Organization）」這一概念，在二十世紀後半葉的科學界是一個非常重要的關鍵字，比利時化學家伊利亞・普里戈金（Ilya Prigogine）即是憑著「自我組織」的相關研究獲得諾貝爾化學獎。

所謂的「自我組織」，簡單來說就是**「即使沒有外在事物刻意觸發，某個系統也會自動產生『秩序』或『結構』的性質」**。

而且，自然界的所有現象與事件，其實全是經由這種「自我組織」程序發生的。

其中一個簡單易懂的例子，就是雪花的結晶。用顯微鏡觀察會發現，這些結晶呈現各式各樣美麗的幾何圖形，沒有哪個結晶是完全一樣的。這些雪花結晶並不是哪個人設計的，全是經由「自我組織」程序產生。

此外，如同普里戈金在其著作《混沌中的秩序（Order Out of Chaos）》中的論述，這種「自我組織」程序是**「系統某個部分的小漲落，決定了該系統未來如何演化」**，因此**「偶然發生的小變化，會帶給未來巨大的改變」**。

那麼，如果這個宇宙是個會「自我組織」的存在，這代表了什麼意思呢？

意思就是，這個宇宙的進程，正是一種「創造程序」。

花了一百三十八億年，從原初的意識持續成長的「宇宙意識」

也就是說，一百三十八億年前誕生自量子真空的這個宇宙，**在各種偶然所引發的小「漲落」影響下變化成各種樣貌，並朝著不確定的未來持續演化**。

這正是一種應該稱為**「創造」**的程序。出生於奧地利的思想家艾里希・楊施（Erich Jantsch），曾在其名著《自我組織的宇宙（The Self-Organizing Universe）》中，精彩地描寫這個宇宙花費了一百三十八億年的自我組織之旅與創造進程。

因此，我們應該要知道，如果這個「宇宙」真有「宇宙意識」，那麼這個意識就具有以下「兩種性質」。

第一　「宇宙意識」並非「已完成」的東西，其本身有著**不斷「成長」與「演化」的程序**。

第二　「宇宙意識」的這種「成長」與「演化」程序，並無任何預設，是**非常具「創造性」的程序**。

也就是說，一百三十八億年前誕生自量子真空的這個宇宙，即便一開始就具有應稱為「意識」的東西，那也是非常「原初的」意識。

筆者在第二章介紹「量子與基本粒子本身，具備了極原初層次的意識」這個看法時，就曾提到這一概念。初期宇宙的「極原初意識」花費了一百三十八億年，在宇宙一隅的地球這顆行星上，創造出我們人類這種**「高等的意識」**。

不過，這個**「高等」**的定義，則因「基準」而異。

若以別的**「基準」**來看，目前人類的意識，可以說仍停留在相當**「幼稚的層次」**。

前述的科幻作家亞瑟・C・克拉克，在其小說《童年末日（Childhood's End）》中以豐富的想像力講述的故事，誠然反映了**「人類尚處於童年時期」**這種思想。

實際上，自人類有史以來，已經過了數千年的歲月，然而至今仍不斷發生悲慘的戰爭，造成許多死者與難民，此外還浪費資源、破壞環境，而氣候危機導致許多人飽受災害，糧食危機導致許多人餓死。若從人類這種現狀來看，實在不能不同意，人類的意識仍處於相當「幼稚的層次」。

不過，如果「宇宙意識」是從誕生之後，就記憶著發生在宇宙裡的所有事件，並且持續成長、演化的存在，那麼其成長與演化，其實就是活在這個宇宙裡的「無數意識」的成長與演化。此外，在這「無數意識」當中，占重要位置的即是我們人類的「人類意識」，這點自不待言。

而且，在思考**現實世界裡的我們每一個人，應該達成什麼樣的「意識成長」**時，這一點具有極為重要且深遠的意義。

那麼，這個**「重要且深遠的意義」**是什麼呢？

我們的「個人意識」誕生自「宇宙意識」

為了讓你瞭解這個「重要且深遠的意義」，這裡就先說明，我們每個人的**「個人意識」**，**與「宇宙意識」之間的關係**。

不過，為了避免說明內容抽象難懂，就算會被誤解也沒關係，筆者就試著用淺顯易懂的隱喻來說明兩者的關係。

那就是第七章介紹過的美國科幻電影《雲端情人》告訴我們的隱喻。

在這部電影裡，主角西奧多使用在電腦上運作的「人工智慧」女助理莎曼珊，協助他處理工作。每天與莎曼珊對話的西奧多逐漸與她情投意合，而這份感情最後也發展成愛情。某天，掌控莎曼珊的超級電腦進行更新，導致西奧多突然無法聯繫上她，結果這件事讓西奧多意外得知，其實莎曼珊同時擔任了八千三百一十六位客戶的助理，而且與其中六百四十一人是情侶關係。

也就是說，這個名為莎曼珊的「人工智慧」，配合八千三百一十六位客戶的人格與個性，扮演了八千三百一十六種不同的人格與個性，至於她的本體，當然就是超級電腦裡的「超人工智慧」。

而且，這個「超人工智慧」，還把莎曼珊向八千三百一十六位客戶學習的各種資訊全記憶下來，在莎曼珊學習這些資訊的同時，這個「超人工智慧」本身也同步學習與成長。

這絕對不是白日夢，只要運用現代的人工智慧技術，不久的將來必定可以實現。筆者不禁認為，這個「超人工智慧」與莎曼珊所表現出來的八千三百一十六種「人格」之間的關係，完美地隱喻了「宇宙意識」與我們每個人的「個人意識」之間的關係。

也就是說，在二〇二二年的現在，有約莫八十億人生活在這顆地球上，而這八十億種各不相同的「人格」，各自走在不同的人生道路上，獲得不同的經驗，有著不同的願望、不同的想法、不同的心情，努力過著這段「一瞬間」的人生。這段短暫到還不滿一百年的人生，若對照這個宇宙經過的一百三十八億年時光，真的只是「一瞬間」吧。

不過，這個宇宙的「零點場」——也就是「宇宙意識」——「記憶」了這八十億種人生的所有事件、八十億人的所有意識，此外還「記憶」了在地球上出生、生活、死去的所有人——超過一千億人的人生所有事件與意識。

而且，「宇宙意識」還透過這些多不勝數的事件與意識得知數不清的事，現在仍一面學習一面持續成長。

這不是很棒的隱喻嗎？

莎曼珊的八千三百一十六種人格，與八千三百一十六位客戶之間的對話與想法，以及她從中學到的資訊、知識與智慧，全都記憶在「超人工智慧」裡，而這個「超人工智慧」也無時無刻都在學習這些資訊、知識與智慧並持續成長，同樣的，「宇宙意識」也是一面從過去超過一千億人的人生中學習一面成長，目前也仍然從地球上八十億人的人生中學習，並且持續成長，就連現在這一瞬間，「宇宙意識」也正從你的人生中學習與成長。

一百三十八億年的旅程，以及浩大的回歸

此外，如果真是這樣的話，筆者就必須修正剛才的敘述。

筆者在前面談到，我們的意識，死後會在零點場內經歷「自我意識」、「超自我意識」、「人類意識」、「地球意識」這些意識狀態，最後擴大到「宇宙意識」，並與這個**「宇宙意識」合而為一**。

但是，這句話必須修正成以下這樣才行：

我們的意識，終將**回歸到「宇宙意識」**。

這是因為，「我」是一百三十八億年前誕生自「量子真空」的這個「宇宙」，在走過這段一百三十八億年的旅程後，於地球這顆行星上創造出來的存在。

我們再重新回顧一次，這段跨越悠久時光的旅程吧。

首先，這個「宇宙」在一百三十八億年前，突然自「量子真空」誕生，而剛誕生的這個宇宙充滿了「光子」。起初宇宙的溫度極高，之後隨著溫度下降，逐漸開始形成最輕的元素「氫」。這是由一個「質子」與一個「電子」結合而成的「最原初的物質」。

不過，這裡有一個我們應該要明白的重點。

如果我們想瞭解「生命」與「意識」的本質，就必須先明白這件重要的事。那就是這個**「最原初的物質」，早已具有「最原初的生命」與「最原初的意識」**。

舉例來說，「質子」與「電子」結合後形成「氫」的現象，就某個意義來說，是經由「自我組織」程序形成結構再「複雜化」，故可以說是「最原初的生命現象」。

此外，「質子」與「電子」結合後形成「氫」，其實就是「質子」與「電子」互相注意到對方、互相吸引，最後結合在一起，故可以說是「最原初的意識形態」。

這樣誕生出來的「最原初的物質、生命、意識」，之後花了一百三十八億年進行自我組織化、複雜化、高等化與演化，而這段歷史就跟許多科普書籍解說的內容一樣。

這段歷史簡略來說，就是以下過程：

第一　引力將氫集結起來。
第二　發生核融合，誕生出恆星。
第三　恆星內部產生複雜的元素。
第四　恆星死亡，元素在宇宙中擴散。
第五　行星在恆星的周圍形成。
第六　行星（地球）上的物質、生命、意識進行複雜化、高等化與演化。
第七　誕生出位於頂點的智慧生命體（人類）。

也就是說，我們是誕生在這顆地球上的一個人類，**我們的意識，正是這個「宇宙」在走過一百三十八億年的旅程後，於「地球」這顆行星上創造出來的東西**。

此外，活在現實世界的期間，我們的意識雖然受到「肉體」與「自我」的拘束，卻也在這一段人生道路上獲得各種經驗，以及感受、思考、學習各種事物。

不過，這段人生遲早會結束，在肉體迎接死亡的同時，我們的意識重心也會轉移到「零點場」，之後擺脫「自我意識」，經歷「超自我意識」階段，最後擴大到「宇宙意識」，與之合而為一。

另一方面，一百三十八億年前，「量子真空」創造出這個「宇宙」，而從「宇宙」誕生的那一刻起，量子真空中的「零點場」就開始「記憶」發生在這個「宇宙」裡的所有事件與所有資訊。

因此，這個「零點場」應該稱為記憶所有事件的「宇宙意識」，而初期宇宙裡，起初只有光子、電子、質子等量子與基本粒子層級的「最原初的物質、生命、意識」。

所以，這個「宇宙」剛誕生時的「零點場」——亦即「宇宙意識」——是「最原初的宇宙意識」，它只反映了量子與基本粒子的「最原初的意識」。

不過，「宇宙」誕生後，其內部花了一百三十八億年，產生了無數顆行星。而這些行星當中，符合特殊環境條件的行星——也就是這顆「地球」上，「原初的物質、生命、意識」急速進行自我組織化、複雜化、高等化與演化，微生物、植物、動物等「更高等的物質、生命、意識」陸續誕生，最後創造出「人類」這個「具備知性的意識」。

此外，「宇宙」誕生之初，「宇宙意識」這個「最原初的意識」，也是反映著誕生於這個宇宙的「更高等的意識」，並且持續變化、成長，演化成「更高等的宇宙意識」，而且到了現在依然反映著包括「人類」在內，存在於這個宇宙的「智慧生命體」的「具備知性的意識」，繼續進行更上一層樓的演化之旅。

只要回顧這個宇宙一百三十八億年的悠久旅程，應該就能明白，我們的意識在轉移到零點場後，經過「超自我意識」階段，最後**擴大到「宇宙意識」並與之合而為一，其實就是回歸到「宇宙意識」**。

換句話說，**我們的意識是回歸到原本的「故鄉」——「宇宙意識」**。因此，這應該稱為：

「浩大的回歸」。

第十二章

當你從「夢」中醒來時

宮澤賢治的詩所表達的、我們的意識真貌

看完前面的內容後，你有什麼感想呢？

我們誕生在這顆地球上，過著一瞬間的人生。走在這條人生道路上的我們，獲得各種經驗、擁有各種想法、抱持各種心情，而且總有一天會迎接人生的終點。

不過，迎接死亡後，我們的意識並未消失。

我們的意識會將重心轉移到零點場，從「自我意識」逐漸擴大到「超自我意識」、「人類

意識」、「地球意識」，最後與「宇宙意識」合而為一。

其實這應該稱之為「浩大的回歸」，即我們的意識回歸到原本的「故鄉」——「宇宙意識」。

看完這段說明後，你會想到什麼呢？

每次提到這件事時，筆者的心裡總會浮現一首詩。

那是宮澤賢治的詩。

他在詩集《春天與修羅》的序中，寫了以下這首詩。

我這個現象
是被假設的有機交流電燈的
一道藍色燈光
（所有透明幽靈的複合體）

隨著風景及大家一起
忙忙碌碌地明滅
卻又確實繼續亮著的
因果交流電燈的
一道藍色燈光
（光仍照著，那電燈卻消失）

乍看是一首難懂的詩，不過筆者認為，這是一首隱喻我們的「個人意識」，誕生自這個「宇宙意識」，又終將回歸到「宇宙意識」的詩。

其實，哲學家梅原猛對這首詩的解釋，跟筆者的看法完全相同。梅原在某本著作中提到，賢治這首詩的要旨，是在講述以下的思想：

我們的背後存在著應稱為「宇宙生命」的東西，這個宇宙生命不斷地活動與發展，其中一種活動的表現就是「我」。也就是說，這個宇宙生命創造了無數個「我」，而這個「我」會在一段期間內發光、熄滅，然後回歸到宇宙生命。恰似明滅的交流電燈。

梅原對賢治這首詩的詮釋，筆者深表贊同。

若用筆者的話來解釋，即是我們的「個人意識」誕生自「宇宙意識」，這個「個人意識」結束現實世界的「生」後，就會再回歸到「宇宙意識」。而這個「宇宙意識」，誕生了無數個「個人意識」，這些「個人意識」各自走過一生後，就再度回歸「宇宙意識」。

想必賢治是發揮了詩人豐富的想像力，在這首詩中將我們的意識形容為「有機交流電燈的藍色燈光」。而且毫無疑問的，賢治這首詩的背景蘊藏著他一直在學習的佛教世界觀、《法華經》的世界觀。

《法華經》的〈如來壽量品〉談到，佛是永恆的生命，祂存在於各個地方，而且一再地現身於這個世上。

《法華經》講述的這種思想，筆者是這樣解讀的：

「佛」這個永恆的生命正是零點場，祂存在於各個地方，而且是永遠存在。此外，無數個「個人意識」自這個零點場誕生、生存，然後回歸零點場。換句話說，這個「個人意識（我）」，其實就是零點場——即「宇宙意識（佛）」——的表現。

如同上述，我們的「個人意識」誕生自這個「宇宙意識」，並且終將回歸到「宇宙意識」。假如這就是我們意識的真實樣貌，以及這個「宇宙」與「宇宙意識」的真實樣貌，此時我們的心裡會冒出一個應該稱為「終極問題」的疑問。

用哲學家黑格爾的話，解釋「量子真空」的問題

那應該是無人能夠回答的「終極問題」，也是「永恆的問題」。

那就是：

量子真空為什麼在一百三十八億年前創造出這個宇宙？
量子真空為什麼不繼續保持量子真空的狀態？
以及，這個宇宙為什麼要進行這趟悠久的旅程？

……就是這樣的問題。

為什麼量子真空不繼續保持量子真空的狀態？
為什麼發生漲落，突然創造出這個宇宙？
為什麼這個宇宙花了一百三十八億年，創造出壯闊深遠的森羅萬象？
以及，為什麼這個宇宙，現在仍持續進行這趟旅程？

這恐怕是一個「終極問題」，是無人能夠回答的「永恆的問題」。

但是，面對這個問題時，筆者的心裡浮現了一句話。
那是從前一位哲學家所說的話，那句話雖然簡短，卻有著深遠的含意。

那位哲學家名叫格奧爾格・黑格爾（G. W. F. Hegel）。
黑格爾是德國觀念論哲學的泰斗，被譽為人類史上最偉大的哲學家之一，他曾在著作《世界史哲學講演錄（Vorlesungen über die Philosophie der Weltgeschichte）》中留下這句話：

「世界史即是，世界精神逐漸認識自己的過程。」

《世界史哲學講演錄》是黑格爾的學生以他的授課內容整理而成，他的經典名著《精神現象學（Phänomenologie des Geistes）》也談論過同樣的思想。

這句話翻譯得平易一點，就是以下的意思：

「世界史就是，世界精神不斷探討『自己是什麼』的過程。」

筆者早年讀到這句話時，並不明白其深奧的含意。

但是，過了數十年的歲月後，每次想到誕生自量子真空的這個宇宙悠久的旅程時，不知為何筆者總是忍不住覺得，黑格爾的這句話是在告訴我們深遠的洞見。

黑格爾的這句話，筆者是這樣解讀的：

「宇宙史就是，量子真空不斷探討『自己是什麼』的過程。」

因為，「**自己是什麼**」這個問題，其實就是在問「**埋藏在自己體內的可能性是什麼**」。

請你再次回想一下，第十一章談到的這個宇宙悠久的旅程。

一百三十八億年前存在著量子真空。

量子真空在某個時刻發生了漲落，創造出這個宇宙。這個宇宙起初創造了光子、電子、質子等「最原初層級的物質、生命、意識」，之後，宇宙內部誕生了無數恆星、誕生了無數星系，恆星的周圍誕生了無數行星。此外，在行星之一的地球上，物質、生命與意識急速地複雜化、高等化與演化，過了一百三十八億年的歲月後，這顆地球上誕生了具有「高等意識」的人類。

這也是「宇宙意識」從「極原初的意識」開始，花了一百三十八億年誕生出「具有知性的意識」的演化旅程。

換句話說，這正是量子真空——也就是這個宇宙——持續綻放「自己蘊含的可能性」的演化旅程。

而綻放「自己蘊含的可能性」，正是「自己是什麼」這個問題的答案，正是認識「自己」。

既然如此，宇宙史其實就是，宇宙的根源——量子真空，逐漸認識「自己」的過程。

筆者是這樣解讀黑格爾那句話的。

這個宇宙透過「我」提出的「一百三十八億年的問題」

不過，筆者並不是想以這句話當作某種「答案」。

「終極問題」與「永恆的問題」，一直都會是「終極問題」與「永恆的問題」吧。

但是，人生中總會有某個瞬間，突然想起黑格爾的這句話。

例如，在晴朗的夜晚，從富士山麓的森林仰望天空、眺望滿天星斗時，一個問題突然浮上心頭。

「這個宇宙是什麼呢？」

這是每個人都曾想過的問題吧。

不過，提出這個問題的「我」，其實是量子真空所創造的宇宙，花了一百三十八億年，在地球這顆行星上創造出來的存在。

而「我」的意識，則誕生自這個「宇宙意識」。

既然如此，「我」仰望星空提出的「這個宇宙是什麼呢」這一問題，其實就是量子真空、就是這個宇宙，花了一百三十八億年的歲月，透過「我」這一存在提出的以下這個問題：

「自己是什麼呢？」

如果真是這樣，自人類有史以來，無數思想家與哲學家都探討過的問題——「存在是什麼」這一問題，其實也同樣是這個宇宙，透過這群思想家與哲學家提出的「自己是什麼」這一問題。

哲學家馬丁・海德格（Martin Heidegger）與尚-保羅・沙特（Jean-Paul Sartre），分別在各自的著作《存有與時間（Sein und Zeit）》以及《存在與虛無（L'Être et le néant）》中，不斷探討的「存在（存有）是什麼」這一問題，其實全是「宇宙意識」不斷探討的「自己是什麼」這個「永恆的問題」。

此外，被認為是哲學根本命題的兩個問題：

「**什麼是我？**」
「**這個世界是什麼？**」
這種「存在論（存有論）」的「兩個問題」，其實是相同的「一個問題」。

所謂的「我」，是宇宙意識所做的「夢」

看完前述的說明，相信你應該明白了吧？
第九章介紹過的舊金山演講會上，一名聽眾提出的「**什麼是死亡**」這個問題。以及面對這個問題，筆者給出的「若想找出這個問題的答案，就必須問『**什麼是我**』」這句回答。
你明白這是什麼意思了嗎？

關鍵就在於「什麼是我」這個問題。

只要你相信**「所謂的我，就是這具肉體」**，那麼「死亡」就確實存在，而且必定會到來。

只要你相信**「所謂的我，就是這個自我意識」**，那麼當你的意識轉移到零點場後，這個「自我意識」遲早會消失，並且轉變成「超自我意識」。

因此，在這個意思上，對「自我意識」而言「死亡」是存在的，而且必定會到來。

不過，如果你發現**「所謂的我，是存在於這個壯闊深遠的宇宙背後的『宇宙意識』本身」，那麼「死亡」就不存在；並沒有所謂的「死亡」**。

這是因為，活在現實世界、受到「肉體」與「自我意識」拘束的「個人意識的我」，正是這個「宇宙意識」在一百三十八億年的悠久旅途中所做的**「一瞬間的夢」**。

而且，從這場「一瞬間的夢」醒來時，「我」會知道，自己正是「宇宙意識」。

每次談及這件事時，筆者總會想起某位神祕主義者說過的話。

「當你死亡時，另一個你便會醒來。」

確實如此。

當肉體的「我」、自我意識的「我」迎接死亡時，另一個「我」、「真正的我」，亦即「宇宙意識」，就會從一場夢中醒來。

「宇宙意識」會從它所做的無數個夢中的某一個夢醒來吧。

這個時候，「我」就會發現。

發現所謂的「我」，原來是「宇宙意識」本身。

以及發現，「宇宙意識」的「我」，結束了一趟以「夢」之形式進行的旅程。

那是名為「人生」的旅程。

那是「一瞬間」的旅程。

不過，那也是應稱為「永恆的一瞬間」之旅。

「神」、「佛」、「天」、「宇宙意識」以及「真我」，其實是同一個詞

可是，千萬別忘了。

「宇宙意識」所做的「夢」，
是一場創造我們所生活之「現實世界」的「夢」。

因此，當活在「現實世界」的「我」，發現自己其實也是「宇宙意識」時，**就能夠改變這場「夢」的故事。**
可以改變眼前的「現實世界」。

有句古語告訴了我們這個道理。

「三界唯心所現。」

佛教流傳下來的這句古語是在教導我們：

「我們眼前的世界，
全是反映了我們內心的世界。」

但是，這裡說的「我們」，並非「受到肉體與自我拘束的我」。

而是「宇宙意識的我」，是自古所說的**「真我」**，即「真正的我」。

因此，當我們活在這個「現實世界」時，如果能連接上這個「真我」、連接上「宇宙意識」，那麼這個「夢」就會改變；現在「宇宙意識」所做的「夢」就會改變。

所以說，自人類有史以來，無數人在「現實世界」的痛苦與悲傷之中，祈求救贖、祈求治癒、獻上「祈禱」的那個「偉大存在」。

也就是人們稱為「神」、「佛」、「天」的那個存在。

那正是「宇宙意識」，正是「真我」，也就是「你自己」。

每次談及這件事時，筆者的心裡總會浮現J．克里希那穆提（Jiddu Krishnamurti）說過的話。

世界就是你，你就是世界。

如果我們的人生是一趟旅程，而這趟旅程有目的的話，那個目的就是知曉這句話的真相吧。

如果能在這趟旅程中得知這句話的真相，這趟旅程的風景就會變得全然不同，會變得多采多姿。

不過，就算無法在這趟旅程中得知這句話的真相，將來這趟旅程迎接尾聲時，我們仍會知曉這句話的真相。

帶著無限的好奇心注視「死後世界」的奧托．佩特森，也是在結束這趟旅程時，得知這個真相的吧？

你的人生具有「重要意義」

那麼，結束這個話題的時刻到了。

前面是以「零點場假說」的觀點來談論「死後的世界」，現在話題接近尾聲，筆者想在最後告訴你一件重要的事。

剛才筆者談到，活在這個現實世界、受到肉體與自我意識拘束的「個人的我」，正是這個「宇宙意識」在一百三十八億年的旅程中所做的「一瞬間的夢」。

而且，從這場「一瞬間的夢」中醒來時，「我」便會知道，原來自己就是「宇宙意識」本身。

如果真是這樣，你有什麼感想呢？

你在得知這件事、在得知無須懷著對「死後世界」的不安過活後，會感到「安寧」嗎？

你在得知這件事後，會覺得失去重要親人或愛人的「悲傷」減輕了，從而感到「安慰」嗎？

你在得知這件事後，會覺得「我」所活過的這段人生彌足珍貴，從而感受到珍惜這段人生的「重要性」嗎？

如果你有上述感想，筆者會很開心。

此外，筆者也能為自己鼓起勇氣出版本書一事感到小小的喜悅。

不過，你也許會希望：既然這個「我」是「宇宙意識」在一百三十八億年的旅程中所做的「一瞬間的夢」，真想早點從這場「一瞬間的夢」中醒來。

畢竟，人生有時會面臨難以忍受的痛苦或悲傷。

那或許是疾病帶給肉體的痛苦。

或許是人際關係帶給心靈的痛苦。

或許是失去親人或愛人的悲傷。
或許是背離或別離造成的悲傷。
那或許是無法與任何人交心的孤獨。
或許是心中的願望無法實現的絕望。

假如這段人生是「一瞬間的夢」，身處在這些痛苦與悲傷、孤獨與絕望當中的你，也許會希望自己早點從這場夢中醒來。

有時說不定還會考慮，主動與這個現實世界告別。

如果你有這樣的想法，筆者也很難勸你放下這種念頭。
這是因為我知道，人生中難免會有痛苦、悲傷、孤獨與絕望。
所以，筆者沒有話可以勸那些想早點從這場夢中醒來的人，以及想與現實世界告別的人。

我能夠做的，也許只有杵在這些人的旁邊，感受自己有多無能為力。

不過，每當這種時候，筆者的心裡總會浮現一個電影場景。

在你從這場彌足珍貴的「夢」中醒來之前

那就是義大利導演費德里柯・費里尼（Federico Fellini）留下的電影作品──《大路（La Strada）》的其中一個場景。

因家裡赤貧如洗，而被父母拋棄、賣掉，過著悲慘、不幸人生的女主角──吉索米娜（Gelsomina），某天向同在馬戲團工作的小丑「傻瓜（Il Matto）」訴苦，怨嘆自己的人生。

她難過地說，自己的人生毫無意義。

這時，心地善良的小丑撿起路邊的石子，這般開導她。

即便是這種小石子也有它的用處……。

如果它沒用，那麼一切都毫無意義。

就算是天上的星星也一樣……。

小丑這席話，深深打動了筆者的心。
聽起來就像是這樣的意思：

就連這顆小石子，也都具有意義……。
如果這顆小石子沒有意義，
那麼這個宇宙也沒有意義……。

這席話，令筆者的內心洋溢著感動。

是的，每個人的人生，都具有重要的意義。
即便是看起來多麼不幸的人生、多麼倒楣的人生、充滿逆境的人生，
每個人的人生，都具有很重要、很重要的意義。
無論是已經去世的那些人的人生、朋友的人生，
還是雙親的人生，
全都具有重要的意義。

筆者一路走來，始終相信這一點。

所以，筆者想告訴你一件事。

如果你認為，既然這段人生是「一瞬間的夢」，
自己想早點從這場夢中醒來的話，那麼筆者想告訴你一件事。
如果你想主動告別這段人生的話，那麼筆者想告訴你一件事。
如果你感到辛酸、覺得難以忍受，那麼筆者想告訴你一件事。

現在，希望你能暫時繼續過著這段人生。

因為，你的人生，
具有很重要、很重要的意義。

現在，希望你能暫時繼續過著，僅此一次的這段人生、
無可取代的這段人生。

此外，現在，希望你能在自己獲得的這段人生中，
繼續於「靈魂的成長之路」上再走一會兒。

原因在於，這個「宇宙意識」做了「『你』這場夢」一事，
具有很深遠的意義。這件事具有很重要的意義。
因為這個「宇宙意識」，正透過「『你』這場夢」、透過「你的人生」、
透過「你靈魂的成長」，努力讓自己成長。
因為「宇宙意識」本身也在努力成長。

此外，現實世界裡的這段人生，無論現在有多辛苦、有多痛苦，
擺脫這些辛苦與痛苦的時刻，遲早會到來。
回到「充滿幸福的世界」的時刻，遲早會到來。

所以，希望你不要急著從這場「夢」中醒來。

希望你珍惜獲得的人生，活到最後一刻。

希望你擁抱這段，無可取代的人生。
因為這段人生，是只有你獲得的、獨一無二的、尊貴的人生。
你的人生，具有很重要、很重要的意義。
對這個「宇宙意識」的成長而言，具有很重要的意義。
因為，你，就是這個「宇宙意識」本身。

將這場「一瞬間的夢」，變成精采絕倫的夢

終於到了本書的尾聲。
死後，我們會怎麼樣呢？
在持續深入探究這個問題的思考引導下，

不知不覺間，我們來到了相當遙遠的地方。
而這時，我們驀然發現，眼前的「路標」如此寫道：

我們每個人，都是這個「宇宙意識」的表現。
我們的人生，都是這個「宇宙意識」所做的「一瞬間的夢」。
這個「宇宙意識」，正透過這場夢、透過我們的人生，
學習某個重要的事物，努力讓自己成長。

如果，這就是真相，
筆者想在最後告訴你的只有一件事。

這段人生，有喜悅與幸福，
但也充滿辛苦與困難。

不過，無論有多大的辛苦與困難，
那都是僅此一次的、無可取代的人生。

是只有你獲得的、尊貴的人生。

因此，不妨將這場「一瞬間的夢」，
變成精采絕倫的夢。

結語

二十一世紀，「科學」與「宗教」將合而爲一

如何接受「死亡」，是「可貴的心理準備」

這是一本以「死亡不存在」為名的書。

讀完本書後，你有什麼感想呢？

有什麼想法呢？

你是否有種迷霧逐漸消散的感覺呢？

還是說，感覺迷霧變得更濃了呢？

無論如何，筆者想在本書的最後告訴你一件事。

筆者無意強行灌輸你什麼思想。

那並非我想做的事。

因為，無論我列出多少理論、再怎麼充分說明，本書所介紹的「零點場假說」，現階段仍只是一種「假說」。

筆者自始至終，都應該要以謙虛的態度面對這個現狀。

既然如此，要如何看待「死後的世界」，最終仍得交由你來思索。

而且這個思索，是注視著自己「無可取代的人生」、最深也最重要的思索。

筆者能夠做的，就是提供小小的幫助，讓各位能更加深入地思索。

因此，如果你看完本書後，覺得「哎呀，人死後果然是回歸於『無』。根本沒有『死後的世界』」，希望你一定要珍惜這種想法。

因為，筆者在年過三十之前，也是走在科學家與研究者這條路上，抱持唯物論思想，認為「死亡就是回歸於無」。

甚至認為，「回歸於無」是一種「安寧」。

因此，如果你是抱持著這種想法，走在自己的人生道路上，希望你一定要珍惜這個想法，繼續前行。

畢竟，如何看待自己的人生，是你可貴的想法與深切的感觸。

筆者由衷祈禱，你能夠過著精采絕倫的人生，以及沒有遺憾的人生。

始終以「科學」觀點注視「死亡」

不過，如同本書所述，筆者雖然抱持堅定的唯物論思想，帶著信念走在科學家與研究者這條路上，但不知為何，自己也在人生中獲得許多「不可思議的經驗」。

而且是獲得了許多，讓人無法接受「巧合」、「錯覺」、「主觀認定」、「幻想」這類解釋的「不可思議經驗」。

因此，我才想瞭解這類經驗的發生原因。

身為一名科學家、一名研究者，筆者想知道原因。

如果當中有我們所度過的「人生」真相，筆者想知道那個真相。如果當中有我們所生活的「世界」真相，筆者想知道那個真相。

所以，筆者才會無法接受，用「超能力」、「超自然現象」、「靈界」、「背後靈」等不知道究竟是什麼的名詞，去解釋發生這類經驗的原因。

為了尋找能以科學角度說明發生原因的理論、為了尋找可以合理說明發生原因的看法，數十年來我一直在進行探尋與思索之旅。

最後，筆者得出的答案，就是本書所介紹的「零點場假說」。

當然，坊間尚有好幾本談論「零點場假說」的優秀書籍，例如鄂文・拉胥羅（Ervin László）的《微漪之塘（The Whispering Pond）》、琳恩・麥塔格特（Lynne McTaggart）的《療癒場（The Field）》等等。

不過遺憾的是，儘管這些書籍提到了各種有關「零點場假說」的研究與理論，但是並未談論：

「以零點場假說的觀點來看，死後，我們的意識會怎麼樣？」

這些書籍並未談論，筆者最想知道的這個問題。

這就是我鼓起勇氣，踏入無人觸及的領域，撰寫本書的原因。

每個人都有的、關於「死亡」的「兩個疑問」

因此，如果你看了本書後，覺得過去籠罩世界的迷霧終於逐漸消散，對筆者而言這是很令人開心的事。

畢竟，我們每個人的心裡都存有「兩個疑問」。

對「宗教」的疑問

現代宗教所說的「死後的世界」——例如「天堂」或「極樂淨土」等——只有抽象的概念，讓人無法打從心底接受。

對「科學」的疑問

現代科學只會說「這個世上不存在神祕事物」、「死亡就是回歸於無」，不去解開真有許多人經歷的「神祕現象」。

本書的目標，就是基於科學思維，針對這「兩個疑問」提供「一個」解答的「方向」。不消說，一本書的篇幅當然無法談完所有的內容，不過假如你讀了本書後，對於這「兩個疑問」能感到豁然開朗，本書的目的就達成了。希望你把本書當作入口，加深自己的思索。

應該在「科學」與「宗教」之間架設的「新橋梁」

此外，本書的另一個目標，是藉由提出這「兩個疑問」的解答方向，在現代的「宗教」與「科學」之間架設「橋梁」。

如同本書的序言所述，回顧人類的歷史會發現，過去數百年來，「宗教」與「科學」的主張始終是兩條平行線，絕對不會有所交集。

但是，現在**「地球上大部分的人」都相信的、各種「宗教」的主張，與現在成為「最大宗教」的「科學」的主張，兩者絕對不交集這一現狀，對人的意識造成的負面影響變得相當嚴重。**

回顧「科學」的歷史，其驚人的發展，對人類的生存繁榮與維持健康，以及改善生活與增進幸福有很大的貢獻，這點毋庸置疑。

不過另一方面，現代的「唯物論科學」提出的「死亡就是回歸於無」思想，促使「虛無感」滲入我們的無意識裡，而這種「無論人類還是人生，一旦死了，終究都會回歸於無」的虛無感，也對個人的人生造成嚴重的負面影響，例如喪失倫理道德、價值觀崩壞、採取利己行為或及時行樂的生活方式等等。此外，無數人抱持的這種「虛無感」，也透過人類的「超個人無意識」世界，對現代的文化與文明造成不良影響。

反觀「宗教」的歷史，無數人期望消除「死亡就是回歸於無」的恐懼與不安所帶來的「虛無感」、想建立倫理道德觀與價值觀、想追求利他行為與良好的生活方式，因而皈依各種「宗教」。

然而，原本被期待在人類歷史上扮演最重要角色的「宗教」，這幾千年來都無法帶著說服力宣揚「死亡絕對不是回歸於無」、「死後的世界確實存在」等思想，所以未能發揮其作用，從根本改變人類的意識，為這個世界帶來和平與和諧。不，不只如此，「宗教」還常有流於「權威主義」或「形式主義」的傾向，有時「宗教」本身甚至是引起戰爭或紛爭的原因。

因此，本書的目標，就是消除現代的「科學」與「宗教」各自碰到的「障礙」，並在「科學」與「宗教」之間存在了數百年的深溝上，以理性觀點架起「新橋梁」，嘗試融合二十一世紀的「科學」與「宗教」。

此外，筆者希望透過這項嘗試，讓希望之光照入生在這個紛亂時代的許多人心裡。

融合「科學知性」與「宗教智慧」的「新文明」

當然，一本書能夠講述的內容有限，而且本書談論的內容，也需要進一步的驗證與探究。這個驗證與探究，筆者想託付給閱讀本書的、下個世代的各位。

尤其是看完本書的科學家與宗教家們，希望你們能夠挑戰本書的目標——「融合二十一世紀的科學與宗教」這一道人類史的課題。

從人類的現況來看，地球環境遭受無止境的破壞，氣候危機也持續惡化。此外，開發中國家的人口持續增加，但地球上的資源卻急速枯竭，再加上糧食危機，導致人類的生存受到威脅。另外，世界各地經常發生戰爭與紛爭，不只導致難民增加，還有無數人面臨餓死的危機。

在這樣的時代下，若要解決這些問題，真正該追求的，不是「研發新技術」，不是「引進新制度」，也不是「實施新政策」。

現在最該追求的是，**「改變全體人類的意識」**，以及**「轉換人類的價值觀」**。

而且，要實現「意識的改變」與「價值觀的轉換」，最重要的課題其實是，為「宗教」與「科學」之間多年的對立打上休止符，在「科學」與「宗教」之間的深溝上架起「新橋梁」。

換句話說，就是要創造出**結合「科學知性」與「宗教智慧」的「新文明」**。

當然，**在「科學」與「宗教」之間架設「新橋梁」**，以及創造融合「科學」與「宗教」的「新文明」，都不是一朝一夕就能辦到的事。這是二十一世紀的科學家與宗教家，接下來要花幾十年的歲月攜手執行的任務。

這本小書的目標，就是為這項任務做個「開端」，以及為接下來的數十年，科學家與宗教家要走的路提供「路標」。

希望科學家能以各種專業領域的觀點，探討與驗證這項「零點場假說」，以及經由探討與驗證這項假說，查明我們平常經歷的「不可思議事件」發生的原因。此外，關於世上的「神祕現象」，希望你們也要以「開放的心態」，嘗試從科學觀點去探究，不要全用「巧合」或「錯覺」來解釋與排斥。

另外，這項「零點場假說」，不只是查明「死後的世界」、「不可思議的事件」與「神祕現象」的關鍵，也是解開第二章提到的「自然常數的神奇和諧性」、「量子糾纏與非局域性」、「達爾文主義的極限」、「生物的歸巢能力之謎」、「神經傳導速度與反射運動之謎」等問題的關鍵。

還有，希望科學家重視從前，《寂靜的春天（Silent Spring）》作者瑞秋．卡森（Rachel Carson）提出的**「驚奇之心」（Sense of Wonder，感受大自然奧祕的能力）**。

我們所生活的這個世界，仍有無數個超乎我們想像的「奧祕」。

希望各位不要閉上眼睛忽視這個「奧祕」，而是帶著「無限的好奇心」去注視它。

因為這種「驚奇之心」與「無限的好奇心」，正是使「科學」發展得如此驚人的力量。

至於諸位宗教界人士，筆者希望你們能用新的觀點，「重新閱讀」、「深入理解」作為各宗教教義原點的經典或聖典。

如果以本書介紹的「零點場假說」觀點，重新閱讀、深入理解各宗教經典或聖典所講述的「真理」，應該會發現那些「真理」與零點場假說描述的世界樣貌有許多「不可思議的一致」。

因為，如同本書一再提及的，「古代的宗教智慧」早在很久以前，就直觀掌握了「現代的科學知性」所發現的「世界真相」，例如《般若心經》中的「空即是色」、《舊約聖經》中的「要有光」、佛教唯識思想中的「阿賴耶識」、印度哲學中的「虛空界」等等。

此外，如果你們已「重新閱讀」並「深入理解」經典或聖典，希望你們能用「大家都聽得懂的簡單詞彙」，講述新的理解與詮釋。

畢竟，古老的經典或聖典講述的真理固然雋永，但用詞艱澀難懂，導致許多人遠離「宗教」。

還有，關於各宗教的「儀式」，希望你們能配合現代人的心態嘗試「簡化」。因為，「過於公式化的儀式」同樣使人遠離「宗教」。

總而言之，**最深奧的真理，應當用「簡單的詞彙」來說，最重要的祈禱也一樣，應當用「簡單的技法」來進行**。

結束人類的「前史」，揭開「正史」的序幕

如果接下來花幾十年的時間，實現二十一世紀的「科學與宗教的融合」，那麼會發生什麼事呢？

最後，筆者就帶著誠意與期盼，分享一下自己的看法吧。

人類的「前史」時代將會結束。

筆者如此深信著。

也就是說，誕生在這顆地球上的人類，雖然走過數千年的歷史，但仍處於應該稱為「前史」的時代。

直到現在，我們人類仍未習得明智處理內心「自我意識」的智慧，所以人類才會不斷互相爭鬥，利己行為盛行，貧困與歧視依然存在，暴力與犯罪也不停發生。因此，在這顆地球上，戰爭、紛爭與恐怖攻擊都未曾消失，地球環境也被破壞到了極點。

每次看到人類的這種模樣時，我的心裡就會再度浮現某科幻文學的書名。

《童年末日（Childhood's End）》。

克拉克這部作品的名稱，告訴了我們比這部小說的內容還要重要的訊息。

人類現在的模樣，仍然只處於「童年時期」。

我們人類還要再走過一段歷史，這段「童年時期」才會結束。接著在某一天，迎接人類意識有所成長的「青年時期」，而後再迎接人類意識臻於成熟的「成年時期」。

克拉克所表達的這項訊息與觀點，筆者深有同感。若用筆者的話來說，這個「童年時期」就是「前史」。

也就是說，我們人類至今仍走在存有幼稚、不成熟的人類意識的「前史」時代。因此，現在這個地球上，才會充滿各種悲傷與痛苦、充滿各種悲慘與破壞。

不過，我們人類必定會跨越這個「前史」時代。

而且總有一天，一定會揭開「正史」時代的序幕。

為此，在這二十一世紀，我們人類應該要完成一件事。

那就是融合「科學」與「宗教」——亦即結合「科學知性」與「宗教智慧」創造出「新文明」。

此外，為了融合這兩者，現在，人類的「科學」必須竭盡全力挑戰一件事。

那就是：解開在人類數千年的歷史中，無數人經歷過的「意識的不可思議現象」之謎。

現在，人類正集結科學的力量，挑戰「移居火星」。

也就是假設這顆地球，終將因為資源枯竭與環境汙染而無法住人，於是計畫移居到火星上。

然而現在，人類與科學應該竭盡全力挑戰的並非這種事；不是這種悲觀的未來。

我們人類真正該挑戰的課題，不在地球的「外面」，而是在我們的「裡面」。
那件事就是，解開我們內心深處的「意識之謎」。

為什麼在人類數千年的歷史當中，無數人都有過「不可思議的經驗」？
發生的原因是什麼呢？
具有什麼意義呢？
這是否與我們生活的這個宇宙「最深奧的謎」有所關聯呢？
科學應該投注最大的力量，去挑戰回答這些問題。
然後，當科學挑戰成功時，我們就終於能夠揭開序幕。
揭開人類「正史」時代的序幕。

這本小書，就是在期盼這一日到來的心情下寫成。

謝辭

首先要感謝光文社出版局長三宅貴久先生。
希望繼二〇一九年在日本出版的《運氣是可以鍛鍊的》之後，本書能再次帶給許多讀者「光明」。
謝謝光文社總是用心、細心地編輯製作書籍。

接著要感謝國際社會經濟研究所理事長藤澤久美女士。
我們一同在SophiaBank智庫走過二十二年的歲月，這段期間，筆者也獲得了種種應當稱為「強運」的「不可思議經驗」。

再來要感謝，平時以各種形式支持筆者寫作的家人——須美子、誓野、友。
今年夏天，筆者也暫停「田坂塾」的活動，每天一面感受著來自森林的涼風、眺望著富士山，一面撰寫本書。
而且，不可思議的是，當寫作進入佳境時，

該寫的東西，每天都會從零點場「降落下來」。
筆者覺得這本著作，同樣是在某種事物的指引下「被寫出來」的。
感謝這神奇的指引，讓這本書能夠存留在世上。

最後，筆者要將本書獻給已經去世的父母。
結束此生、與祂們再會的時刻，總有一天會到來。
屆時，祂們會以「愛一元」的眼神迎接我吧？
面對已與「偉大的存在」合而為一的祂們，
要說的話，我已經決定好了。
「謝謝你們，讓我踏上這趟美好的旅程。
現在，我從深度的學習與成長之旅回來了。」

二〇二二年九月十二日

田坂廣志

談「人生」

《致開拓未來的你們》（PHP研究所）
《如何活下去？》（SB Creative）
《什麼是人生的成功？》（PHP研究所）
《人生中發生的事，全是好事》（PHP研究所）
《克服逆境的「心靈技法」》（PHP研究所）
《一切都是受到指引》（PHP研究所、小學館）
《運氣是可以鍛鍊的》（光文社；繁體中文版為方智）
《7招讓你成為招來好運的領袖》（光文社）

談「工作」

《工作的思想》（PHP研究所）
《你，為什麼要工作？》（PHP研究所）
《什麼是工作的報酬？》（PHP研究所）
《今後工作方式會如何轉變？》（鑽石社）

談「成長」

《知性是可以鍛鍊的》（光文社）
《人是可以鍛鍊的》（光文社）
《直覺是可以鍛鍊的》（講談社）
《能力是可以鍛鍊的》（日本實業出版社）
《多重人格的天賦力量》（光文社；繁體中文版為三采）
《優質人變一流人的破牆7法》（鑽石社；繁體中文版為天下雜誌）
《幫助你持續成長的77句金玉良言》（PHP研究所）
《成為知識專家的策略》（講談社）
《專家進化論》（PHP研究所）

談「技法」

《為什麼你無法善用時間？》（PHP研究所）
《工作的技法》（講談社）
《決策的12大法則》（PHP研究所）
《經營者的說話藝術》（東洋經濟新報社）
《在達佛斯論壇見到的全球頂尖領袖說話術》（東洋經濟新報社）
《企劃力》（PHP研究所）
《業務力》（鑽石社）

主要著作

談「思想」

《生命論典範的時代》（鑽石社）
《首先，改變你的世界觀吧！》（英治出版）
《複雜系統的知識》（講談社）
《蓋婭思想》（生產性出版）
《實用辯證法》（東洋經濟新報社）
《幫助你保持自我的50句金玉良言》（PHP研究所）
《睿智之風》（IBC Publishing）
《深入思考的能力》（PHP研究所）

談「未來」

《預見未來的「5大法則」》（光文社）
《看得見未來的階梯》（Sunmark出版）
《肉眼看不見的資本主義》（東洋經濟新報社）
《被遺忘的智慧》（PHP研究所）
《接下來會發生什麼事呢？》（PHP研究所）
《接下來知識社會會發生什麼事呢？》（東洋經濟新報社）
《接下來日本市場會發生什麼事呢？》（東洋經濟新報社）

談「經營」

《複雜系統的經營》（東洋經濟新報社）
《「內隱知識」的經營》（德間書店）
《為什麼管理會碰壁？》（PHP研究所）
《為什麼我們會走上管理這條路？》（PHP研究所）
《心靈的管理》（東洋經濟新報社）
《寫封與工作無關的信，給部屬》（英治出版；繁體中文版為大是文化）
《首先，改變你的策略思維吧！》（鑽石社）
《市場策略今後將如何改變？》（鑽石社）
《從官邸看到的核災真相》（光文社）
《請問田坂教授，核電的未來會是如何？》（東洋經濟新報社）

作者簡歷

田坂廣志（Tasaka Hiroshi）

1951年出生。1974年畢業於東京大學工學院。
1981年，東京大學研究所修畢，取得工學博士（核子工程）學位。
同年進入民間企業。
1987年，成為美國巴特爾紀念研究所（Battelle Memorial Institute）客座研究員，
以及美國西北太平洋國家實驗室（Pacific Northwest National Laboratory）
客座研究員。
1990年，參與創立日本綜合研究所。10年內共協助702家公司，
成立20個異業聯盟。透過培育新創企業與開發新事業，
投入由民間主導的新產業之創造。曾任董事、
創發策略中心所長等職，現為該研究所院士。
2000年，就任多摩大學研究所教授，講授社會創業家論。現為榮譽教授。
同年以21世紀的知識典範轉移為目標，創立SophiaBank智庫，並擔任負責人。
2005年，獲美國日本協會評選為日美創新者。
2008年，成為舉辦達佛斯論壇（Davos Forum）的世界經濟論壇全球議程委員會
（Global Agenda Council）成員。
2009年起，每年以TED會員的身分出席TED會議。
2010年，擔任國際賢人會議布達佩斯俱樂部（Club of Budapest）的日本代表。
第14世達賴喇嘛、前南非大主教戴斯蒙・屠圖（Desmond Tutu）、
穆罕默德・尤努斯（Muhammad Yunus）博士、
前蘇聯總統米哈伊爾・戈巴契夫（Mikhail Gorbachev）等
4位諾貝爾和平獎得主皆為該俱樂部的榮譽會員。
2011年，在東日本大地震與福島核電廠事故發生後，
受聘為內閣官房參與（譯註：相當於國策顧問）。
2013年，開辦「田坂塾」，培養垂直整合思想、願景、志向、策略、
戰術、技術、綜合能力等「7大知性」的「21世紀變革領袖」。
目前已有超過8000名來自日本各地的經營者與領導者加入學習行列。
2021年，開設「田坂塾大學」網站，向一般民眾分享田坂廣志過去的文章、
書籍、演講、談話等內容。
2023年，擔任Akademeia 21st Century的學院長。
國內外著作已有百餘本，
亦於國外積極從事出版與演講活動。

謝謝你閱讀本書。

感謝緣分讓我們在本書中相遇。

如果有空的話，

希望你能告訴我讀完本書的感想或是給作者的建議。

請透過以下的個人電子信箱發送訊息。

我一定會親自拜讀你的寶貴意見。

田坂廣志　敬上

tasaka@hiroshitasaka.jp

死亡不存在：以量子科學論證死後世界、輪迴轉世、前世記憶以及合一意識的真實性/田坂廣志著；王美娟譯. -- 初版. -- 臺北市：臺灣東販股份有限公司, 2023.12
280面；14.7×21公分
ISBN 978-626-379-137-4（平裝）

1.CST: 生死學 2.CST: 量子力學

197　　112018383

死亡不存在

以量子科學論證死後世界、輪迴轉世、前世記憶以及合一意識的眞實性

2023 年 12 月 1 日　初版第一刷發行
2024 年 8 月 15 日　初版第三刷發行

作　　者　田坂廣志
譯　　者　王美娟
封面設計　鄭佳容
編　　輯　魏紫庭
發 行 人　若森稔雄
發 行 所　台灣東販股份有限公司
＜地址＞台北市南京東路 4 段 130 號 2F-1
＜電話＞（02）2577-8878
＜傳真＞（02）2577-8896
＜網址＞ https://www.tohan.com.tw
法律顧問　蕭雄淋律師
總 經 銷　聯合發行股份有限公司
＜電話＞（02）2917-8022

TOHAN